Dicionário das ideias feitas em educação

(Lugares-comuns, chavões, clichês, jargões, máximas, bordões, estereótipos, palavras de ordem, fórmulas, besteiras, ideias herdadas, convencionais, medíocres, estúpidas e afins)

Organização
Sandra Mara Corazza
Julio Groppa Aquino

Colaboradores
Cristiano Bedin da Costa • Ester Maria Dreher Heuser • Fábio José Parise • Gabriel Sausen Feil • Karen Elisabete Rosa Nodari • Luciano Bedin da Costa • Marcos da Rocha Oliveira • Máximo Daniel Lamela Adó

Ilustrações
Mayra Martins Redin

Dicionário das ideias feitas em educação

(Lugares-comuns, chavões, clichês, jargões, máximas, bordões, estereótipos, palavras de ordem, fórmulas, besteiras, ideias herdadas, convencionais, medíocres, estúpidas e afins)

autêntica

Copyright © 2011 Os organizadores
Copyright © 2011 Autêntica Editora

PROJETO GRÁFICO DE CAPA
Diogo Droschi
(sobre imagem de Mayra Martins Redin)

EDITORAÇÃO ELETRÔNICA
Conrado Esteves
Waldênia Alvarenga Santos Ataíde
Christiane Morais de Oliveira

REVISÃO
Heloisa Rocha Alkimim

ILUSTRAÇÕES DE CAPA E MIOLO
Mayra Martins Redin
(técnica: desenho [nanquim sobre papel canson] e desenho digital])

EDITORA RESPONSÁVEL
Rejane Dias

Revisado conforme o Novo Acordo Ortográfico

Todos os direitos reservados pela Autêntica Editora. Nenhuma parte desta publicação poderá ser reproduzida, seja por meios mecânicos, eletrônicos, seja via cópia xerográfica, sem a autorização prévia da Editora.

AUTÊNTICA EDITORA LTDA.

Rua Aimorés, 981, 8º andar . Funcionários
30140-071 . Belo Horizonte . MG
Tel.: (55 31) 3222 6819

Av. Paulista, 2073 . Conjunto Nacional
Horsa I . 11º andar . Conj. 1101 . Cerqueira César
01311-940 . São Paulo . SP
Tel.: (55 11) 3034 4468

Televendas: 0800 283 13 22
www.autenticaeditora.com.br

Dados Internacionais de Catalogação na Publicação (CIP)
(Câmara Brasileira do Livro, SP, Brasil)

Dicionário das ideias feitas em educação / organização Sandra Mara Corazza, Julio Groppa Aquino ; ilustrações Mayra Martins Redin . – Belo Horizonte : Autêntica Editora, 2011.

Vários autores
Vários colaboradores
Bibliografia
ISBN 978-85-7526-558-1

1. Enciclopédias e dicionários 2. Educação I. Corazza, Sandra Mara. II. Aquino, Julio Groppa. III. Redin, Mayra Martins.

11-07767   CDD-030

Índices para catálogo sistemático:
1. Enciclopédias e dicionários 030

Para
Gustave Flaubert, artista do riso;
Millôr Fernandes, guru definitivo;
todos os filósofos das estradas.

Antelóquio... 9
Verbetes.. 19
Posfácio... 167
Referências.. 169
Dicionaristas.. 174

Antelóquio

Vox populi, vox Dei.
(Sabedoria das nações)

"Você já percebeu que Nossas Almas estão se tornando serenas e benevolentes? Será o peso dos tempos? A essas rolinhas, antes tão aflitas, não é dada nenhuma liberdade de escolha?" Para levar Nossas Almas a vibrarem novamente, como as cordas de uma harpa ressoam as oitavas, numa seivosa insurgência contra a insidiosa inatividade e feiura de suas rugas, fazemo-las laborarem não na *Divina* (Dante Alighieri), nem na *Humana* (Honoré de Balzac), tampouco na *Intelectual* (Paul Valéry), mas na descredenciada Comédia Educacional. Pois, sabemos, as Almas sentem atrozes pruridos de descomporem as Ideias Feitas, que florescem (e colonizam) os caminhos bem ordenados do Jardim da Educação (até os seus confins), ocupando o lugar de belas (e falsas) Verdades Evidentes, quais sejam: galimatias, inépcias rutilantes, flagrantes certezas, ignorâncias felizes, grosseiras besteiras, afirmações vergonhosas, clamorosas trivialidades, tolices aparvalhadas, inconcebíveis pobrezas de espírito, absolutas ausências de bom gosto, locuções estereotipadas, provérbios, máximas, clichês, chapas, nariz de cera (Portugal), jargões, chavões (chaves grandes), bordões, slogans, rifões, anexins, frases preestabelecidas, pensamentos fixos. Facilitários que, por nossa comodidade, preconceito, medo do insólito, superstição ou ignorância, têm os seus sentidos e poder diferenciador esbatidos, são recebidos e repassados (como moeda de mercado), estabelecendo-se, facilmente, enquanto preceitos científicos, artísticos, filosóficos, psicológicos, pedagógicos, que armam e fingem conhecimentos, resistem às tentativas de refutação, apoiam-se em fatos favoráveis, estão na origem de aplicações ou de situações que funcionam, e assim por diante.

Nesta Enciclopédia Crítica, realizada em forma de farsa – ao modo de Gustave Flaubert, em seu *Dictionnaire des idées reçues* –, Nossas Almas voltam-se, em Educação (e seus confins), para aquelas Ideias recebidas e aprovadas, que são aceitas sem questionamento e gastas pelo uso; apresentam profunda sedimentação e lastro; vêm expressas em recentes ou em centenários Lugares-Comuns (*koinoì tópoi*; *loci communes*); dentre os quais, os melhores "parecem sair de profundezas inexploradas", mas, no entanto, "são precisamente, os mais estúpidos, os mais capazes de acelerar o embrutecimento" (BLOY, 2005, p. 391); e que podem assumir a forma verbal ou a de comportamentos, intenções, objetos, tais como: Última Ceia, de Leonardo da Vinci, na sala de jantar; banho de Arquimedes; lanterna diurna de Diógenes procurando um homem; cabeça de São João Batista na bandeja de Salomé; pinguim de louça em cima da geladeira; esponja de aço das 1001 utilidades; sabão em pó que lava mais branco; sabonete preferido por 9 entre 10 estrelas de cinema; eletrodoméstico, que vira padrão, e leva a dizer: Mas, não é uma...; dá para tomar uma [certa cerveja] antes?; um xarope, que é Amigo do Peito; a maior e melhor casa [loja] do ramo; peixe fresco; o meio é a mensagem; quem não se comunica se trumbica; vocês querem bacalhau?; fácil de usar; difícil recusar; relação custo-benefício; advogado de porta de cadeia; o trânsito está um caos; tudo bem?; formigueiro humano; que frio!; que calor!; dia feio; dia bonito; chove a cântaros; que seja eterno enquanto dure; achar agulha num palheiro; em verdade, Vos digo; graças a Deus; só Deus sabe; Deus é pai; Deus sabe o que faz; vai com Deus; Cristo salva; Liberdade, Igualdade, Fraternidade; jogo é jogo; ou se perde, ou se empata, ou se ganha; este mundo é um vale de lágrimas; a carne é fraca; ninguém é perfeito; o melhor amigo do homem é o cão; quanto mais conheço os homens, mais admiro os cães; comer melancia com leite envenena; o espinafre tem ferro; preciso relaxar; se beber não dirija; nó na garganta; lágrimas de crocodilo; o que é do homem o bicho não come; se apontar com o dedo para uma estrela, nasce verruga; brinca com fogo, urina na cama; somos todos iguais perante a Lei; em pé de igualdade; inocente até prova em contrário; nenhum homem é uma ilha; animal racional; o homem descende do macaco; não há nada de novo sob o sol; céu de brigadeiro; sétimo céu; atenciosamente [assina fulano de tal]; elo de ligação; certeza absoluta; multidão de pessoas; grave acidente; crime hediondo; consumado artista; surpresa inesperada; gritar bem alto; exceder em muito; seja você mesmo; a seu critério pessoal; planejar antecipadamente; abertura inaugural; empréstimo temporário; criação nova; conviver junto; baseado em fatos reais; todos foram unânimes; *superávit* positivo; vereador da cidade; há anos atrás; outra alternativa; sintomas indicativos; em duas metades iguais; expressamente proibido; só falta falar; bom de garfo; levantador de copo; primavera da vida; jantar lauto; festa animada; viúva inconsolável; menino de ouro; filha exemplar; parece um anjo; bebe como um gambá; é da pá virada; acordar de cara amarrada; morrer de rir; amigo da onça; é uma jararaca; criar a cobra no próprio ninho; morrer na praia; detalhes minuciosos; canto do cisne; no meu tempo era melhor; a mais pura verdade; deu na televisão; saiu no jornal; meus sentimentos; foi melhor para ele; ninguém diria; ninguém fica para semente; foi um bom pai; foi um marido exemplar; que agradável surpresa!; negócio da China; a pau e corda; a ferro e fogo; a olhos vistos; abrir o jogo; encarar de frente; olhos de ressaca; cabelos de ouro; cabelos da cor da asa da graúna; informações inéditas; nobre colega; caluniador infame; isso é edipiano; símbolo fálico; no campo é que se vive bem; mulher de vida fácil; é a mãe; mãe de família; dona de casa; Dia das Mães; o juiz é um filho da p...; ambiente sórdido; casa de tolerância; honrosa incumbência; quando casar, sara; é loucura; antes só do que mal acompanhado; a história quando se repete é uma farsa; a César o que é de César; lavo as mãos como Pilatos; até tu, Brutus!; Napoleão com dois dedos enfiados no colete; elementar, meu caro Watson!; ser ou não ser, eis a questão; penso, logo existo; cultura de almanaque; tem a profundidade de um pires; meio caminho andado; alto e bom som; botar o preto no branco; via de regra; em nível de; aparar as arestas; chegar a um denominador comum; isto é ideológico; encerrar com chave de ouro; encarar de frente; na prática, a teoria é outra; chão da Escola; não há receitas; nada vai empanar o brilho da sua conquista; suar a camiseta; ganhar o pão com o suor do rosto; nem tudo são flores; disse cobras e lagartos; saiu com quatro pedras na mão; estourou como uma bomba; o fim da história; o fim do homem; o fim da filosofia; a morte do autor; sua explicação deixou a desejar; num mundo de tantas mudanças; multiculturalismo; pluralismo; diversidade cultural e étnica; raça, gênero e etnia; respeitar a diferença; contra o tradicional; proletários de todos os países, uni-vos!; endurecer-se, mas sem perder a ternura jamais; autonomia universitária; universidade pública, gratuita e de qualidade; PCNs; PPP; o currículo é documento de identidade; interlocução com o campo; para os gregos; para Platão; Sócrates bebeu cicuta; a infância: entre filosofia e educação; as crianças não pediram para nascer; a criança é o pai do homem; oh, que saudades que tenho da aurora de minha vida!; ao pé da letra; ir num pé e voltar no outro; o conhecimento é construção; alternativo; adaptação; integração; contextualização; consciência cidadã; exclusão social; políticas de inclusão; tábua de salvação; criança-problema; aluno hiperativo; déficit de atenção; a família é desestruturada; não ter mãos a medir; conhecer a realidade do aluno; partir da realidade do aluno; os alunos não têm jeito; faltam limites; o saber da experiência; as condições de trabalho são péssimas; educação continuada; competências, aptidões e atitudes; gestão; indisciplina; ser professor; o mestre ignorante; a Escola que queremos; a Escola possível; o magistério (não) é sacerdócio; educar as futuras gerações para o amanhã; etc.

Este tão iluminado quanto inocente *Dicionário* apresenta essas e outras Ideias Convencionais, que são escritas e transmitidas bocalmente. Ideias que, pela força de uma repetição despudorada de seus temas, perderam a origem, não se sabendo quem as inspirou, nem de quem se aprendeu. Ideias, que ninguém pergunta ou ensina a ninguém; e, no entanto, enchem nossos ouvidos e se cristalizam, riscando sulcos indeléveis na memória, para impor símbolos, valores, emoções, juízos, álibis, que estratificam, restringem ou generalizam. Ideias simplificadas, transformadas em vulgaridades, truísmos, palavras-chave, fórmulas rígidas, terminologias dogmáticas, que são transmitidas, apropriadas e consagradas como Verdades, por quem pensa pouco ou não pensa absolutamente nada. Ideias amortalhadas nas trevas do Espírito, que não passam pelo pensamento e consistem em "uma arma do poder", acabando por funcionar, "na cabeça do público, como uma verdadeira natureza mental" (BARTHES, 1987, p. 276).

Cômica e pacificamente, retirando com a mão a venda que fascina Vossos olhos, este notável Tolicionário cospe nojo, exala nauseabundo olor, vomita raiva, expectora fel, ejacula cólera: tudo isso para purificar a indignação diante das Ideias Feitas e, assim, exterminar o sossego do Rebanho Vil. Não que trate essas Ideias com exasperação, por serem populares ou eruditas, inexatas ou banais; mas, simplesmente, por serem adotadas sem que ninguém mais pense nelas e sejamos obrigados a engoli-las. É, portanto, criado com o propósito de desvincular os seus Seguidores da Ordem, da Convenção, da Moral; visto que, com Chamfort (*apud* FLAUBERT, 2007, p. 365), podemos "apostar que qualquer ideia pública, qualquer convenção herdada, é uma tolice, pois foi conveniente à maioria". É, portanto, organizado de modo a surpreender, sistematicamente, todos os bípedes implumes, que habitam a Terra, e levá-los a nunca ter certeza se estão ou não zombando deles. Característica, aliás, que faz o seu *corpus* logomáquico de Lugares-Comuns antever longos dias pela frente e integrar a imorredoura estante das obras mais prestantes do momento, cujo êxito inconteste o fará desaparecer (temos certeza), em três tempos, das bancas livreiras de todo o Planeta.

Incrível Catálogo de Ideias – tão repetidas, que já perderam as brasas, embora não o poder de cozimento –, que se mantém a igual distância do Manual (resumo daquilo que é considerado verdadeiro) e do Panfleto (exposição do que é denunciado). Por meio de observações sagazes, ditos agudos, máximas felizes, induções profundas e conclusões imprevistas, sequestra ações e personagens da dita Cultura, pondo os sutis Leitores em contato direto com a crua imbecilidade da Tolice, em suas polimorfas manifestações, as quais reificam (e anulam) o pensamento, em meio a lastimáveis tentativas das Vanguardas em diferi-las. Ambiguamente, este Catálogo confunde a autoria dos seus colaboradores, colecionadores de verbetes e as ilustrações. Glorifica Ideias Prontas, ao usar, como táticas de ação, a simulação e a dissimulação. Mantém todos os mal-entendidos possíveis, que outorgam aos humanos o poder de falar. Torna ferinas, penetrantes, agudas e mordazes as triunfantes Ideias Feitas, sempre que as formula placidamente, sem ou com qualquer pitada de escárnio (como se verá).

Sendo a Tolice a coisa mais bem partilhada do mundo (lembra Flaubert), esta *Encyclopédie de la Bêtise Humaine* (Enciclopédia da Besteira Humana) reconhece que, agora, deixou de ser suficiente enganar os tolos da burguesia: "o verdadeiro Burguês, ou seja, num sentido moderno e mais geral possível, é o homem que não faz nenhum uso da faculdade de pensar e que vive ou parece viver sem ter, um único dia, o desejo de compreender o que quer que seja; o autêntico e indiscutível Burguês está necessariamente limitado em sua linguagem a um muito pequeno número de fórmulas".

Trata-se de, duramente, castigá-los por sua logorreia, psicitacismo e assaltos repetidos da Tolice contra o Espírito, da Opinião contra o Pensamento, das peças verbais contra as composições mentais; visto que "os mais pacatos burgueses são, sem que o saibam, extraordinários profetas", que "não podem abrir a boca, sem abalar as estrelas", enquanto "os abismos da Razão são imediatamente invocados pelas profundidades da sua Estupidez" (BLOY, 2005, p. 9; p. 11).

Desde que o Vício não está de um lado e a Virtude de outro, à Tolice e ao Espírito é preciso distingui-los, para identificar as mamadeiras das Ideias Feitas. Fá-lo, beirando a perfeição, este astucioso Livro das Vinganças, quando ataca os depósitos de estratos das Ideias estabelecidas; imola as pequenas crenças às grandes asneiras; os grandes homens a todos os indivíduos; os mais sofridos mártires a todos os piores carrascos da Estupidez Educacional. Como pequenos animaizinhos formam-se no momento em que Grandes deixam de respirar, e nem só aos Grandes cabem grandes ditos, faz tudo isso com um estilo de Fogos de Artifícios, levado ao paroxismo do exagero.

Vede – oh, Temperamentos de Fogo! – como os efeitos do ridículo e da ironia, da paródia e do pastiche, produzidos, de um só jato, por este Coruscante Cartapácio, demonstram, à exaustão, que a Maioria tem sempre razão e que as Minorias estão, desde sempre, caídas em erros crassos. (Desconsolai-Vos, Cidadãos! Tais absurdos continuarão a se repetir!) Provam, facilmente, que, por se achar ao alcance de todos, sem exceção, a Mediocridade (junto a sua prima-irmã Maldade) Humana, com suas ideias néscias, não tem qualquer limite. Comprovam, evidentemente, que a única posição aceitável e publicável é a que despreza toda originalidade, como desmedida, indesejável e, mesmo, perigosa.

Sem medo, Cidadãos, e sem que qualquer freio a detenha, dignai-Vos a esclarecer um instante Vossa Alma ao santo archote desta Apologia da Besteira, sob todos os seus aspectos, ululante, enérgica e energética, desde o início até o final, plena de provas vivazes que provam o contrário e de ditos idiotas (nada mais simples), que varrem, evisceram e desferem o derradeiro golpe em qualquer intento de novidade e de ineditismo. Esta Apologia tudo ataca, mesmo que sem vaidade e sem melindrar nada nem ninguém, por considerar que o "humorismo é a visão cética no seu mais profundo sentido. Redentora. Aquela que nos permite, honestamente, variar sobre a imagem cansada e repetir: 'O homem está nu'" (FERNANDES, 2002, p. 596).

Não tardará! Não serão baldados Vossos esforços! "Antes morrer mil vezes do que nos sujeitar a isso de novo" (SADE, 1999, p. 128). Vereis o durável proveito das penas e prazeres deste Dicionário Crítico-Farsesco. Nossas Almas juram (por tudo o que lhes é mais sagrado) que, além de oferecer um antídoto certeiro contra o Tédio e um alívio completo para todos os Males Hodiernos, as Ideias presentes neste pequeno (porém já eloquente) Livrório tornar-se-ão, de hoje em diante e de uma vez por todas, absolutamente indispensáveis. Pois, nele, encontra-se, em estrita e cuidada ordem alfabética, versando sobre variados temas, o que da melhor Parvoíce Educacional existe. Ou seja, tudo quanto se deve não apenas dizer e fazer, como, especialmente, o que se deve dar a parecer para ser-se tomado como um Cidadão Integral, Profissional Bem-Sucedido, Incluído Feliz, Educador Competente, Autoajudado Integrado, Intelectual Engajado, Vivente Realizado, Amante Zeloso, Republicano Amado, Amigo da Pátria, Herói Talentoso. E, em decorrência, um Ser Humano Perfeito.

Inclusive, Nossas Almas acreditam (por isso, não guardam *in petto* e aqui escrevem) que o conjunto resultante das estruturas modelares deste Catálogo Atual transformar-se-á na mais potente Linha de Prumo para as encantadoras (belas e, ao mesmo tempo, tão promissoras!) gerações do século XXI (que recém-engatinha). Possa este Catálogo, ao fazer-lhes buracos na carne, como chumbo derretido, torná-las mais copadas e férteis! E que não falte a tais gerações o Alerta Geral: todos aqueles – pedagogos, psicopedagogos, psicanalistas, sociólogos, filósofos, antropólogos, historiadores, cientistas sociais, cuidadores, treinadores, trabalhadores, intelectuais, políticos – que se afastarem das *Idées Reçues* (Ideias Feitas), aqui presentes, serão, de agora em diante, considerados insolentes e presunçosos (talvez prepotentes), por se julgarem mais elevados do que os seus pares. Ou, então (Deus, Nosso Senhor, não o permita!), serão considerados valetudinários, poltrões, covardes, ingratos e pusilânimes (quiçá preguiçosos); ficando destinados a quedarem, se não banidos, ao menos afastados do estupendo convívio social-acadêmico e da audaciosa comunidade cultural-editorial.

Por isso, ei-lo! (Que extravagância adorável!) Leiam-no, amáveis Concidadãos e gregários Homens Livres! Sigam-no, com destemor, oh, Curiosos do Mundo! Não sem antes permitirem que Nossas (sempre diligentes) Almas, com a minúcia filigranosamente atarefada, que lhes é própria, desfaçam todas as dúvidas, que poderiam infiltrar-se em Vossos esclarecidos espíritos e lancem a suprema claridade sobre o sistema em questão, ao mesmo tempo terrível e delicioso. Eis a Chave explicativa: é necessário que não encontreis, neste *Dicionário*, uma única Ideia Nova, visto que todas as Ideias, aí constantes, devem ter chegado prontas e aceitas; restando, para Nossas Almas, nada mais do que apanhá-las, como se apanhassem maçãs na macieira, jabuticabas na jabuticabeira, romãs na romãzeira. Também é imprescindível que, depois do sucesso estrondoso deste *Dicionário*, ninguém (mas ninguém mesmo!) ouse nunca mais falar nem escrever, em Educação (e em seus confins), com medo de dizer, graciosa e naturalmente, uma das muitas frases telegráficas, formas-padrão, afirmações peremptórias e tantas definições clichetizadas que nele se encontram:"Ah! Se é possível ser-se tão beneficiado pela rutilância de tão humilde tesouro, um paradisíaco silêncio tombaria, ao mesmo tempo, sobre o nosso planeta consolado" – "Obter, enfim, o mutismo do Burguês, que sonho"! (BLOY, 2005, p. 9; p. 10).

Admira-Vos isso? (Ajuntaríeis: – Como é possível?) Meus Senhores e minhas Senhoras, nada temais! Recomendai-Vos a São Jerônimo, "que não foi somente o portador para sempre da Palavra que não muda, dos Lugares-Comuns carregados de notoriedade da Santíssima Trindade", mas "uma autoridade mais do que humana, que nos ensinou que Deus sempre falou exclusivamente de Si mesmo" e, por isso, "disse sempre a mesma coisa de mil maneiras" (BLOY, 2005, p. 11). E, assim amparados, tende um orgulho imenso de Vossa invencível inteligência! Mereceria ela que, em homenagem, fossem erguidos obeliscos nas praças públicas e que todos os sinos repicassem em uníssono! E, para que possais seguir sozinhos, da maneira brilhante, que Vos é peculiar, rogamos a fineza de ouvirdes nossas últimas ponderações: talvez, julgueis que alguns verbetes poderiam prestar-se a profícuos e mais esplêndidos desenvolvimentos; enquanto outros, talvez tenham sido apresentados com traços todavia mais minimalistas do que mereceriam; também é possível avaliardes, por meio da abrangente prática extensionista deste *Dicionário*, que as Ideias, nele apresentadas, poderiam ser transplantadas da Educação a seus confins, bem como desses confins à Educação, sem que perdessem sua enaltecida e comovente natureza de Ideias triviais, batidas, vulgares, ordinárias, catalogadas: mais velhas do que a Lua.

Contudo, ai de Nossas Almas! (Míseras e estapafúrdias, efêmeras e pretensiosas estudiosas e compiladoras!) Tremem! Pois, "afinal, quem sabe dizer quem são os sábios e quem são os loucos nesta vida em que muitas vezes a razão deveria se chamar estupidez e a loucura gênio" (MAUPASSANT, 2009, p. 466)? Temem, ainda, que a sua memória e os seus registros pretéritos não sejam suficientes para apontar, com precisão, todas as Ideias Feitas que deveriam integrar este Dicionário Universal e Eterno! Pois, ambicionaram dar-Vos – Oh, Argutos! – não o que pensar, mas guindar-Vos ao entusiasmo de, por seu intermédio, adquirirem agradáveis condições de também realizarem descobertas sublimes. Vinde, pois! Fazei um supremo esforço para alçar-Vos sobre a multidão de indiferentes comuns e de insensíveis que pesam sobre o Globo Terrestre! E se houver alguém desconfiado, ou dotado de uma letargia soberana, para recusar-se a isso, é que lhe foi dado um coração tonsurado ou de mármore. Ah! Não existe perdão para tão avarento, execrável e cruel comportamento! Permiti, então – Oh, Magnânimos! –, que Nossas Almas aconselhem àquele que merece ouvi-las: – Infeliz Pigmeu, se não o aturais, rasgai ou atirai o Vosso exemplar ao fogo! Voltai, de cabeça vazia, a Vosso desalentado eremitério, para prosseguir sorvendo o cálice da amargura das Ideias Feitas, que tanto é digno de Vosso merecimento!

Agora, possa a Divina Providência abençoar, a mancheias, aqueles Gigantes do Bem, que derem mostras de admiração pelas convulsões do terreno, mudanças de temperatura e variações de luz, promovidas por este lisonjeiro e implacável *Dicionário*. Terão veneradas as suas cinzas aqueles que decidirem, mais e mais, participarem de tão arrojado projeto e triunfante carreira! Pela extravagância da sua força e importância do seu conteúdo, esses Intrépidos verão compensados, de resto, os quiproquós daí resultantes. Pois haverá gozo metafísico mais admirável do que o de dilatar a existência? Ocupar ao mesmo tempo a Terra e o Céu? E ampliar, por assim dizer, o próprio Ser? Qual outro espetáculo mais arrebatador pode ser oferecido aos olhos requintados desses Gigantes, com total segurança de aplausos, do que participar deste fecundo *Dicionário*?

Já dissera Pascal (1979, p. 41-42):

> Quando não se conhece a verdade de uma coisa, é útil que haja um erro comum suscetível de fixar o espírito dos homens, como, por exemplo, a Lua, à qual se atribuem as mudanças das estações, o progresso das enfermidades, etc.; pois a doença principal do homem é a curiosidade inquieta das coisas que não pode saber; e não é pior para ele permanecer no erro do que nessa curiosidade inútil.

Por isso, sintam-se mil vezes convidados – Oh, Sagazes! Oh, Sábios! – a enviarem a Nossas Almas os Vossos magnificentes e convencionais achados, que contribuam para iluminar a penúltima, a última demão, e para enriquecer (se é que isso é possível) este definitivo *Sottisier* (Besteirol), tão graciosamente jocoso, e tão, tão, tão... ternamente ferino.

a

A (letra que fica no meio de *Educação a distância/EAD*) – Começa que se escreve sem crase. No mais: será mesmo o melhor modo de fazer Educação?

A (coisa aqui tá feia) – Não requer definição nem localização.

A (fim) – E se os professores indagassem mais frequentemente: – *Tás a fim?*

A (título de) – *Deixe de embromação e bote logo um título aí.*

Abraçar (causas) – Professor que tem dificuldade para abraçar outrem.

Abrir (as comportas) – Mesmo se o aluno não tiver comportas, é quando ele chora.

Abusado (professor) – Vítima do direito à paciência, exercido pelo aluno.

Academia – Reunião de espíritos belos e superiores (futebol, musculação, boxe, dança).

Acariciar (ideais) – Vale o mesmo que para o verbete *Abraçar* (supra).

Acaso – Causa ignorada de efeitos conhecidos. O que faz a melhor aula.

Aceleração (de aprendizagem) – *Acelera, Ayrton!*

Açoite – Em desuso.

Acre – O cheiro de 70 pés jovens, juntos, em tarde de 40°.

Acriançado – *Deixa de ser criança, ô meu!*

Adaptação (curricular) – *Ora, adaptem-se vocês a mim!* – com enfado, diz o Currículo.

Adição – Perigo de virar adicção.

Adivinhação – A Escola a considera uma prática pagã, herética e diabólica.

Adjetivo – Inimigos são como o adjetivo, que é o pior inimigo do substantivo, mas concorda com ele em gênero, número e grau.

Administração (Escolar) – Da noite para o dia, virou Gestão. (*Vá saber...*)

Administrador(es) – Um administrador administra; três administradores estudam o melhor meio de gerir; cinco, discutem problemas antagônicos entre si; sete ou mais: blábláblá.

Adolescentes – Belos como gatos: cheios de pelos, humores bizarros, temidos.

Adquirir (conhecimento) – Está aí outra coisa que ninguém explica.

Adulação – Como aranha, aluno que sobe pelo fio da própria baba. (Vulgo puxa-saco.)

Adultério – Próprio dos adultos. (*Antes à tarde do que nunca.*)

Advertência – É preciso tomar cuidado com ela.

Afanar – *Oh, professor, aquele colega afanou-me o lápis!* (Sofisticado.)

Aferrar-se (às normas) – Grudado às normas, a ferro (e, às vezes, a fogo).

Agarrar-se (às certezas) – Demasiadamente pegajoso.

Agiógrafo – Não é um curriculista especializado em agiotas, mas em santos.

Agitação – Quando está para chover, fica pior: – *Tão agitados quanto moscas!*

Agradar – Deixar que cada um fale de si próprio é garantido.

Agravos – Diz o professor pernóstico: – *Quem agravos dissimula espreita vingança.*

Água – Desculpa líquida para sair da classe, juntamente com a urina.

Ajoelhar – No milho (arcaico). Ajoelhou, tem de rezar (em uso).

Ajustar (as contas) – Muito apreciado em Educação, mas só figuradamente.

Alcatraz – *Ah, se fosse uma Escola seria perfeita!*

Alfabeto – *Oh, quantas asneiras de si derivam!*

Alhos – Se misturados a bugalhos, resulta em excelente sopa pedagógica. (*Só que precisa coragem e dá mau hálito.*)

Aliança – Criança protegida por Ali. (Por quem?)

Alienação – Ação de alienígenas (em sala de aula).

Alimentação – Seria sadia e abundante nas escolas.

Alta (habilidade) – O mesmo que superdotação. (*Vale para quase ninguém.*)

Altercação – Palavra chique para bate-boca. (Digna do *Registro de Ocorrências*, tanto da Escola quanto da Delegacia de Polícia.)

Alternativa – *E qual é a alternativa?* (Para suprir falta de argumentos.)

Altruísmo – Decida: não é melhor preferir o mal comum a um bem apenas seu?

Alucinação – *E se todos tivessem esse poder sobrenatural, hem?*

Aluno (com necessidades especiais) – Todos. (Professores também.)

Alunos – Povo sofrido, merecedor do nobre gesto da Eutanásia.

Amasso – *Vou te dar um amasso!* (Dito no recreio ou escrito no banheiro.)

Amazônia – Ouvido numa aula: – *Lá, só tem índios na floresta.*

Ambição – *Quando crescer, quero ser... qualquer coisa, como um professor.*

Ambiente – Assíncrono ou síncrono, a EAD adora.

Amestrado – Não, não é o mestre de listrado; é o discípulo ultraensinado.

Amoldar – Para muitos, o mesmo que educar. (*Tristeza...*)

Amor – Dizer que ele é o motor ou o lubrificante da Educação demonstra alma poética, abnegação e conhecimento de mecânica.

Amuletos – Alunos montados em mulos pretos.

Anagogia – Pedagogia que contempla coisas divinas.

Analfabeto – Ofensa usada pelos Alfas: – *Beto, escreveu não leu, você é Analfa.*

Análise – Vale para tudo: divã, texto, poema, comportamento, teorema, grupo, relação.

Andragogia – Formação de adultos. (*Mas, como a palavra é feia, não pegou.*)

Animadversão – Palavra fina para castigo, censura, repreensão, advertência.

Animais – Se eles falassem, não seria conosco, muito menos na Escola. (Motivo: não são bestas!)

Anjo – *Parece um anjo!* (Ofensalogia.) – *Você pode virar um anjo!* (Ameaça pesada.)

Ano – É um pássaro: passa voando. O letivo: uma lesma.

Anormal – Maioria absoluta.

Antecâmara – A sala de aula é a antecâmara do Inferno. (Poderia, perfeitamente, ser uma frase da *Divina Comédia*.)

Antediluviano – *Depois de mim, o dilúvio.* (Dito por quem viveu naquele período.)

Antepassados – Atentar tão somente para aqueles cujo pensamento não morre.

Antiquado – Tudo aquilo que não fomos nós ou nossos amigos que fizeram.

Antropofagia – Estado máximo de apego ao próximo.

Antropomancia – Ciência pouco estudada hoje, que deriva do Imperador Heliogábalo. Deveria ser reintroduzida no currículo. O único problema: requer entranhas humanas.

Ao (pé da letra) – Está cheio de fetichistas.

Apagar – O quadro; mas também a alegria, a criação, o mistério. (*Entendido?*)

Apaixonado – Tem beiço grande, caído, dependurado, na direção da Educação. (Pode-se variar com saber, alunos, Foucault, Piaget, Bourdieu, etc.)

Aparelho (de Estado) – Desde Althusser, a Escola.

Aparência – À professora (de César e às que vieram depois) não basta ser honesta; tem de parecer honesta. (*Ai...*)

Apelido – Depreciativo pop-escolar.

Aplicado – Aluno atento, assíduo, dedicado, diligente, esforçado: um chato perfeito.

Apoio – *Dá-me um ponto de apoio e levantarei a Educação!* (Frase de candidato, seguidor de Arquimedes, em campanha eleitoral. O pior: nós acreditamos.)

Apontar (o dedo) – Ir ao banheiro, falar, culpar – *A culpa é minha e a coloco em quem eu quiser.* (Para-choque.)

Após – A escola, a aula, o exercício, o período, o semestre: – *É que é bom!*

Apostilas – Antigas. (Ao menos, eram escritas pelos próprios professores.)

Apoucados – Sempre os menores.

Aprendizagem – Há conjeturas que ela aconteça uma vez na vida e outra na morte.

Aprovação – Anuência à competência? Não, arma que combate a indisciplina.

Aproveitamento – O lixo de uns é o tesouro de outros.

Aptidão – Um apelido do QI.

Aquelas – *São alunas da pá virada!* (Primas daquelas.)

Árabes – Alunos que vêm, assustadoramente, das Arábias.

Arena – Historicamente, dela deriva a sala de aula.

Argila – *Os pequenos adoram, mas faz muita sujeira!*

Arguir – É só quando a ignorância argui a sabedoria que algo novo é criado.

Árido – *O currículo, arre!*

Armadilhas – Da caça migraram para exercícios, provas, exames.

Armados – (Cada vez mais.)

Arquétipos – Educadores ancestrais perdidos.

Arranca (-rabo) – Na sala dos professores, uma discussão. (Retrô e deselegante.)

Arrebol – Ideal para hinos escolares porque rima com sol.

Arrepiar – *Aquela aula foi de arrepiar!* (Pouquíssimo usado.)

Arrota – Come sopa de letrinhas e arrota Ilíada ou Ulisses.

Asas – Se não fosse a imaginação não existiriam.

Asco – Encher um livro à custa dos outros. (Este *Dicionário*?)

Asno – O Asno de Buridan come desejos e morre de fome. (Sem o Buridan, que é erudito, integra a *Ofensalogia*.)

Aspudo – Chifrudo solto na classe.

Assaltos – Repetidos ao bom-gosto e à inteligência. (Deste *Dicionário*?)

Assédio – Antes, dava prazer; agora, dá processo. (*American way of life*.)

Assiduidade – (Será algo relacionado à limpeza corporal?)

Assobiar – (E se, um dia, um aluno assobiar e chupar cana, ao mesmo tempo?)

Atenção – *Dou-lhe a minha, desde que eu a tenha e, acima de tudo, que você a mereça.*

Atleta – Inteligência de atleta. (Da *Ofensalogia*.)

Atraso – Aquilo que todos os presentes enxergam.

Aulas – Quem inventou que se trata de um dom?

Aumentar – O fosso entre professor e aluno. (Nobre: lembra castelo, ponte levadiça.)

Ausência (da aula) – Difícil é brilhar por ela.

Ausente – Professor que não veio, não deu aula, não tomou cafezinho, não saiu, não voltou para casa.

Autoavaliação – Entre todos os tipos, a única justa.

Autobiografia – Na hora de escrever o roteiro, decidir se morre no final.

Autonomia (da Escola) – Pedagógica e financeiramente autossuficiente, para morrer de inanição.

Autoridade (abuso de) – Atos dos quais não participamos.

Auxiliar (de disciplina) – Mais um desempregado da Sociedade de Controle.

Ave viu a uva – Expressa desejo de sobrevoar videiras. (*Cuidado, pode ser início de esquizofrenia.*)

Avesso – (*E se ensinamos errado, esse tempo todo, e o verdadeiro direito for o avesso?*)

Aviso – Se fosse coisa boa, a Diretora não dava, vendia. (*Mas, não era conselho?*)

Azia – Antes morrer de azia do que de barriga vazia. (Dístico no frontispício de todos os Refeitórios Escolares.)

b

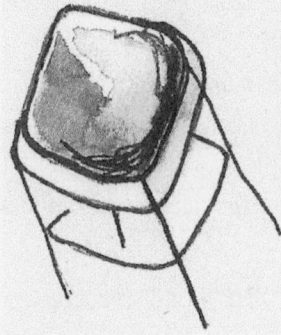

B – O Plano de segunda mão. O Lado profano. O Conceito do aluno que é só Bom, não excelente.

Baba – Os cãezinhos de Pavlov, dóceis e pidões, salivando frente a um suculento e generoso pedaço de carne. Secreção oral do aluno que, ao dormir nas aulas de Biologia, deixa sua classe, no mínimo, viscosa.

Babaquices – Como coelhos, não param de proliferar.

Babel – Escola. Professores reunidos discutindo Planos de Ensino.

Baboseiras – Este *Dicionário* está minado delas.

Bacana – Prova com consulta livre. Sejamos sinceros: quem, nos tempos colegiais da década de 80, não fazia os temas de casa rapidamente só para poder assistir aos episódios de *Armação Ilimitada*?

Bacia (das almas) – Último período letivo.

Baço – Olhar de certos alunos.

Baderna – Sala de aula.

Bafafá – Abreviador pouco amistoso de certas reuniões de professores.

Bafo – De café, almoço e janta, na cara ou na nuca, sempre ruim.

Bafo (jogo do) – Antes do advento do *joystick*, as crianças precisavam de uma (calibrada) mão, apenas.

Bagaço – O que resta do corpo de um docente depois de cinco períodos em sala de aula na sexta-feira.

Bagagem – Pretende-se passar ou passear. Professor com bastante bagagem é mais respeitado.

Bagulho – Professor ou aluno feio. De preferência bem fechadinho e fininho, longe dos olhos da Direção.

Bagunceiro – Sem, não haveria necessidade do Serviço de Orientação Educacional. (– *Nossa razão de existir!*)

Baiano (devir) – Tipo regional. (Não necessariamente Caetano.) Deitar-se numa rede à sombra, logo após o almoço e antes do início das aulas da tarde (o problema é encarar a aula depois.)

Baile (de formatura) – Nunca ir de sapato branco. Meninas, *Longo*; meninos, *Black tie*.

Baile (funk) – Dois lados, como tudo na vida. Da periferia (negra e popular) ao centro (branco e erudito), *quebrando até o chão*.

Baixar – A bola (do *Manual de Sobrevivência Escolar*). *Downloads*.

Baixotes – Sentam-se todos próximos ao quadro.

Bajular – Às professoras, costumava-se oferecer maçãs. (*Sinceramente, desconhecemos as razões que fazem com que hoje um hábito tão doce esteja praticamente extinto.*)

Bala – Se for algum recurso, na agulha; se for Soft, engasgada na garganta.

Balançar – Apresentar leve risco de reprovação.

Balbúrdia – Prática subversiva da Turma do fundão.

Balde – Chuta-se. (Salvo quando estiver cheio de água fria.)

Baleia – Não é um peixe, é um mamífero. (Preconceito estético quando o termo não estiver associado a um animal de vida marinha.)

Bálsamo – Feriados. Dissertação ou Tese entregues.

Baluarte (Escolar) – Projeto político-pedagógico. (*Aleluia!*)

Banalidades (na escola) – *Oi, tudo bem? Tudo bem, e contigo? Tudo bem também.* TDAH, Violência, Sexualidade, Inclusão Social, Habilidades e Competências, Respeito às Diferenças.

Banana – Fruta e ofensa.

Banca – Inquisição.

Bandeira – A da Educação, reverenciamos diariamente. (*Dos males o menor, pior se referenciássemos o lábaro ou o pendão.*) A falecida (matéria) OSPB.

Bandeja – Suporte para arroz, feijão, massa e um pedaço de carne (em certas horas, o pedaço é a cabeça).

Bandejão – Alvo costumeiro de protestos dos movimentos estudantis.

Bandido – Ofensa grave. (Exceto em brincadeiras comuns entre alunos do Ensino Fundamental.)

Banditismo – Questão de classe, diria Science.

Bando – Coletivo de loucos. (*Se não dançam todos, não dança ninguém.*)

Bandurrear – Vagabundagem em preto e branco.

Banguela – A maioria do povo.

Banheiro – Um para os meninos, outro para as meninas. Preferencialmente fora do horário de aula. Refúgio sanitário para se aliviar tensões de tudo que é ordem.

Banho – *Ah, que bom seria!* Os de chuva no verão são inesquecíveis.

Banir – Verbo cuja conjugação é alvo do controle das Políticas Inclusivas.

Banzé – Bala ou tumulto.

Bar – No fim do dia, uma cerveja no bar e o dever cumprido.

Baratas – Balzaquianas mulheres, kafkianas baratas. (*Alegorias do Barroso.*)

Barba – Quem a tem deve deixá-la crescer, para ter o que pôr de molho. (– *Professores de Sociologia: uni-vos!*)

Barbaridade – Sempre que constatada e proferida, acrescentar, com indignação, um breve "tchê".

Bárbaro – Verdadeiro problema para os códigos. (Cf. *Baluarte.*) Aluno, com bolsa, de escola de freiras que necessita ser mais bem catequizado.

Barbie – Aluna bonita, loira e bem arrumada.

Barca – Acaba sempre sendo furada. Matrículas escolares via sorteio.

Barra – Mantê-la limpa.

Barraca(s) – Mantê-la desarmada. (Cf. *Tabu.*) Moradias da UNE.

Barraco – Mantê-lo armado. Ações da UNE.

Barriga (com barriga) – Duas colegiais partilhando segredos.

Barro – Em Artes Plásticas, molda-se; em banheiros, solta-se. (*Pop Art.*)

Barroso – *Garçom, sem gelo, por favor, e sem alegorias.* (Cf. *Baratas.*)

Barthes – Fantasia de idiorritmia educacional.

Barulho – Quando é feito por nada, parece ser sempre maior.

Base – Na segunda, faltam bases da primeira; na terceira, faltam bases da segunda; na quarta, faltam bases da terceira e assim sucessivamente.

Basta (!) – Súplica coletiva diariamente abafada.

Bastão – Usar dá processo, como pau, bordão, bengala.

Batalha – Aula.

Bate (-boca) – Discussão. (Não confundir com beijo.)

Bate (-orelha) – Aluno com sérios problemas de aprendizagem.

Batina – Uniforme de certos colégios internos.

Batuta – Elogio em desuso.

Bebedouro – Jamais deixar de questionar as suas condições de higiene.

Beberagem – Aplicação tópica de flúor, de periodicidade variável.

Beethoven – Ouvir Ludwig van bebendo *milk-plus* nos seios de uma manequim nua. Hoje em dia os adolescentes preferem Fresno.

Behaviorismo – Conjunto de princípios indubitavelmente eficazes no condicionamento de cães, roedores e alunos.

Beijo – Mordida bem-educada. Antes termos sido expulsos do Éden por ele e não por uma maçã.

Beleza – *Não põe mesa*, já dizia minha avó.

Beliscão – De largo uso há muito tempo. A insensibilidade a ele era sinal de pertencer ao Diabo. Os juízes da Inquisição beliscavam as mulheres, na vulva e nos seios, e os homens no ânus e nos testículos.

Belo – *Saiba que o belo da vida ainda está pra nascer.* (Amigo Frank.)

Bem – Educar para o bem. (Nunca além ou aquém disso.)

Berrar – Professor em devir-animal: – *Calem a boca!*

Besta – O diabo ou uma simples mula. Transporte escolar.

Besteiras – Não devem encontrar espaço nas boas instituições de ensino.

Bexiga – Quando acompanhada por sufixo diminutivo e estiver cheia d'água, é permitida apenas no pátio, em fanfarrices realizadas no último dia letivo. (*Jamais atirá-la nos professores!*) O órgão humano mais importante para os alunos.

Biblioteca – Livros, traças e Hora do Conto. (*Esta não, obrigado.*)

Biboca – Instituição com precárias instalações de ensino.

Bicho (-carpinteiro) – Aluno problema, antes de ter diagnóstico de TDAH conferido por equipe multidisciplinar. (Cf. *Transtorno de Déficit de Atenção com Hiperatividade.*)

Bicota – Uma beijoca pequenina. (*É bonito, mas não tem muita graça.*)

Bienal – Saída de Campo.

Bijuteria – Do *Mercado Escolar*.

Bilhete – Qual a resposta da 7?

Biografema (Escolar) – Trajes e comportamentos de acordo com eventos e ocasiões.

Biografia – Histórico escolar de notas, conceitos e disciplinas cursadas; punições e toda sorte de ocorrências disciplinares; encaminhamentos realizados; registros de atendimentos clínicos e pedagógicos; relatos de entrevistas com professores, pais e responsáveis.

Bípede – Com polegar opositor e telencéfalo mais ou menos desenvolvido, gente.

Bipolar (baile funk) – Lado B, lado A.

Bipolar (espectro) – Altos e baixos da alma.

Birrentos – Os alunos.

Biscoito – Molhar o biscoito (do *Kama Sutra* deste *Dicionário*).

Bizarro – No Mundo Bizarro, o Super-Homem foi preso por ser normal.

Bléin (onomatopeia) – Revoltar-se contra o funcionário-campanário.

Bobo – É o único da Terra que acredita que vai conseguir o que merece.

Boca – Fechada não fala nem come nem bebe nem soluça. E nem entra mosca.

Bocejo – Depois de emitido, acrescentar, com doçura: – *Perdão, não é o fastio de sua aula, vem da minha noite mal dormida.*

Bode – Se for expiatório, é encrenca.

Boi – De carga. Tem a cara preta e, quando solto, atravanca a estrada.

Bola – *Oioioi, olha aquela bola. A bola pula bem no pé, no pé do menino. Quem é esse menino? Esse menino é meu vizinho. Onde que ele mora? Mora lá naquela casa. Onde está a casa? A casa* está na rua. Onde está a rua? Está dentro da cidade. Onde está a cidade? Está do lado da floresta. Onde está a floresta? A floresta é no Brasil. Onde está o Brasil? Tá na América do Sul, continente Americano, cercado de oceanos, nas terras mais distantes de todo o planeta. E onde é o Planeta? O planeta é uma bola que rebola lá no céu. (Tatit e Derdyk.)

Bolas – Objetos de trocas.

Boletim – Terror de gerações. (Pergunta: *Yves Klein mantinha suas notas sempre acima da média?*)

Bom – O bom aluno é adequado, assíduo e pontual.

Bom (-dia) – Ritornelo pequeno e enfadonho.

Bomba – Leva-se em provas; joga-se em corredores, armários e banheiros.

Bonde – Nunca tem janelas suficientes para todos os passageiros. Evolução das *gangues*.

Boné – Em sala de aula, virado para trás.

BOP – *Entregamos a alma ao Diabo, desde que o Chifrudo nos ilumine com mais e mais Lugares-Comuns.*

Borboletas – Bruxas metamorfoseadas.

Borda – Limite entre o meu e o seu quintal.

Borderline – Jamais confundi-lo com um mero aluno rebelde.

Borracha – Artefato ineficaz para um erro em bronze. (Cf. *Bronze.*)

Botar – Lenha na fogueira, de preferência.

Botas – Chega um dia ou uma noite, em que todos as batem.

Braço – Tê-lo firme para educar.

Braço (direito) – Capacho.

Braille – Faz o texto e a leitura tropeçarem.

Branco –

Brasil – Onde quer que esteja, sempre será o Terceiro Mundo.

Briga – Escolhe inimigos que te mereçam. (*Assim falou Zaratustra.*)

Brincar – Atitude permitida apenas com hora marcada.

Brinco – Tarefa realizada com requinte e sabedoria.

Brinde – Ter diariamente ao menos uma boa razão pela qual brindar.

Brinquedos (pedagógicos) – Materiais nem sempre intactos.

Brinquedoteca – Mais divertida do que a sala de aula.

Bronze – O erro é eterno. (Colhido em Mário Quintana.)

Brutal – Regime.

Bruxa (não metamorfoseada) – Professora.

Bué – Berreiro. Choradeira. De criança. (Criança é arcaísmo.)

Bugalhos – O que quer que sejam, diferem dos alhos.

__Bullying__ – Combatê-lo sempre, sobretudo se o nome da vítima for Carrie.

Burla – Fracasso da estrutura.

Burocrata – Funcionário que adora nos torturar. Operador da máquina estatal.

Burros – Aqueles que não pensam como nós.

__Bye__ – *Bye Bye, Blackbird.*

C

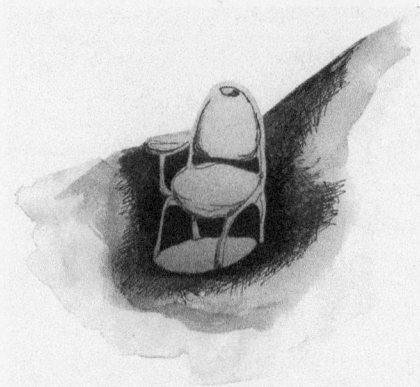

Cabeça – Papo-cabeça é chatíssimo. Cabeça de vento, nas nuvens. *Mais vale uma cabeça bem-feita do que uma cabeça cheia* (Moliére).

Cabeçudo – Aluno teimoso, que sabe o que quer.

Cachumba – Aparece no pescoço, mas adora saco.

Cacoete – Incomoda os outros.

Cadeira – Boa pra derrubar, bem na hora de alguém sentar.

Caderno – Orelhudo. (*O que será mesmo que ele escuta?*)

Calar – Embatucar, embuchar, silenciar. Quando cala fundo, dói. *Bom saber é o calar, até ser tempo de falar.* (Esta expressão poderia estar escrita acima do quadro da sala de aula, mas também na sala de reuniões de professores, não?)

Calendário – Não tem pena de ninguém. No Brasil, o escolar regula o do Congresso Nacional. – *Quantos feriados teremos neste ano?*

Calor – Insuportável na sala de aula quando entra setembro. O melhor é o das entranhas.

Calvário – O trabalho para alguns professores.

Camisa – Não basta vesti-la, é preciso suá-la. De força. De Vênus. (*Inventaram uma até para a bomba de chimarrão* [*sem sabor*].) *O homem feliz não usava camisinha* (Millôr).

Caneta – Tem que crescer para usar.

Canga – *Mantém a canga e não te arrependerás.* (Lema de formatura de um Curso de Pedagogia.)

Canhotos – Inconvenientes que fazem tudo com a outra mão. Desafio para as professoras: da alfabetização ao tricô.

Capaz – *Bem capaz!* Sabemos do que uma pessoa é capaz quando ela não tem saída.

Capenga – Aluno que passa pelo Conselho de Classe.

Caprichar – Verbo eminentemente escolar.

Carência – É farta. Não atinge só os pobres e menores. Todos a têm. Os políticos adoram, é o que mais dá votos.

Caridade – *Faz bem pra alma!* (*Que o digam as instituições p(h)ilantrópicas...*)

Casamento – Há quem case com a profissão. (Professores levam provas para corrigir na cama.) *O fim das criancices e o começo da criançada.* (Para-choque.)

Caso – Criar caso. Vale para várias coisas. Preferimos de caso impensado.

Castigo – Sobre o milho ou tampinhas. (Cf. *Tamborete*.)

Catar – Pesquisar. *Catar feijão se limita com escrever* (João Cabral de Melo Neto). Em creches, o que mais se cata são piolhos.

Catequização – Educação.

Certeza – Uma dúvida sem saída. Não basta tê-la? Por que segui-la com absoluta?

Certo – Unanimidade educacional. (Também vale para *Errado*.)

Chá – Toma-se de cadeira. Tem efeito placebo na Escola quando dá dor de barriga.

Chama – Manter acesa a chama do saber.

Chapéu (de burro) – Arcaísmo semântico. Agora, é chapéu de pensar. (*Pobre pensamento!*) Em tempos remotos, chapéu do vovô = acento circunflexo.

Chato – Alguém que responde à pergunta: – *Como vai?*

Chuteira – Quando é pendurada, acabou.

Cidadania – Mania. Finalidade da Educação Brasileira: *Preparar para o exercício da cidadania.* ("O" clichê educacional do Oiapoque ao Chuí.)

Ciência – Nunca resolve um problema sem criar outros. Ciência sem entranhas. Ou entranhas sem ciência? (*A gente se confunde...*)

Ciranda – Cirandava-se. (Em desuso nos recreios.)

Circulando (!) – (Diz-se, quando tem mais de um.) Linguagem policialesca (usada nos corredores das escolas) contra princípio de tumultos.

Citações – Argumentos de autoridade, recorre a elas quem não os têm.

Classe – Aula. Mesa da sala de aula, carteira. (*Ela não é uma desclassificada?*)

Clássicos – Fingir conhecê-los. Os que se acham grandes leitores dizem sempre: – *Estou relendo* (Calvino).

Clichê – O que mata o pensamento. (*A matéria prima deste fantástico Dicionário, que ora ledes, preclaro leitor.*)

Cliente – Aluno de Escola Privada?

Coça – Vê-se no portão da Escola na hora da saída. (Não só entre os meninos, como antigamente.) Tunda no lombo.

Cochilar – Toscanejar. Frequente em reuniões e palestras depois do almoço.

Coerência – *A coerência é o último refúgio dos sem-imaginação* (Oscar Wilde).

Coisa – *A coisa tá feia!* Qualquer coisa.
Coitadinha – A filhinha do coito. (*Não interrompido.*)
Colírio – A aluna mais linda da turma. *Quem não tem colírio, usa óculos escuros* (Raulzito).
Colocar – Verbo obsceno. (*Não coloque coisas em minha boca!*)
Comenius – Profeta de coração duro.
Comer – *Comer e coçar é só começar, escrever também* (Mario Osorio Marques).
Como (?) – Pergunta que desgraça a Pedagogia, impedindo-a de pensar.
Competência – Em alta nos documentos educacionais: vale para tudo.
Completo – (*Existe?*) Total *flex*.
Complexo – O de Édipo é o mais... complexo.
Comportamento – Matéria de Pareceres Descritivos. Análise behaviorista.
Compreender – (*Que insistência! A que leva?*)
Comunidade – Comum unidade. Eufemismo antropológico para favela.
Conceito – Seja em forma de A, B, C, D ou Insuficiente, Regular, Bom, MB, Excelente, não importa, faz a mesma coisa que a nota: sintetiza, classifica, normaliza. Já Camões alertara: – *Eu tenho imaginado no conceito outra manha e ardil.*
Concentração – Depois do almoço (e do recreio), impossível mantê-la.
Confundir – Não confunda alhos com bugalhos.
Conhecimento – Constrói-se. Adquire-se. Compartilha-se. Diz-se da sociedade do século XXI. Expressão predileta de instituições educacionais.
Conjugar – Esforços. Verbos. (Em desuso, especialmente depois do *gerundismo* que invadiu o Brasil.) Preferimos o pretérito imperfeito.
Consciência – Voz interior que nos adverte: – *Alguém pode estar olhando.* (*Preferimos o inconsciente, ainda mais se for maquínico.*)

Conscientização – Obtém a admiração dos estúpidos e a estima dos idiotas.

Constipado – Quando o conhecimento se estagna. O popular deu um branco em dias de prova.

Contêineres – Salas de aula.

Conteúdo – Via de regra, o mais importante.

Contexto – Inserido no contexto. É preciso considerar o contexto do aluno.

Conto – Do vigário. Do bilhete. Conto da carochinha. Conto de fadas. Quem conta um conto aumenta um ponto. Se for mais de um, são contos.

Contra – *Se hay gobierno, soy contra*. Tudo o que deriva de sistemas.

Conversa – *Deixemo-nos de conversa.* (Uso gentil.) *Parem com a conversa!* (Mais rude, um pouco.) *Calem a boca!* (Usual.)

Convertido – Educado.

Cópia – Por que Platão tinha de inventar que a cópia é inferior ao original? O xerox será sempre um simulacro. *Na Escola nada se cria, tudo se copia.*

Coração – Educar é fazer das tripas coração. (*Pobres tripas! Pobre coração!*)

Corda – Para amarrar o aluno na cadeira ou estar com ela no pescoço. (Sem metáforas.) Coadjuvante de luxo no feriado (*sempre bem-vindo*) do dia 21 de abril.

Corredor – Polonês. (*Nele sempre tem um pouco de nazismo.*) – Não corram no corredor!

Corrigir – Deleite professoral.

Cortina – A da Escola está sempre suja, riscada e despencada. De ferro. De fumaça.

Creche – Politicamente incorreta. Onomatopeia da esperança.

Crença – Em um mundo melhor. No progresso. Na humanidade. No futuro do Brasil. *O Brasil é o país do futuro.*

Crenças – Algumas heranças d'além mar a serem consideradas na criação das crianças: *para ter boa memória as crianças* devem comer salsa crua; para perder o medo as crianças devem comer a crista de um galo atrás da porta da entrada da casa; não se deve cortar o cabelo das crianças antes que elas falem, senão ficarão mudas; o umbigo da criança deve ser queimado para que os ratos não fujam com ele, senão a criança fica desinquieta, traquina e vira um aluno encapetado.

Crescer – *Cresce e aparece!* Crescer é fácil, difícil é evoluir. (O melhor é adolescer.)

Criança – Portadora da pureza imaculada, é inocente e boa por natureza. (*Mas não qualquer criança, pois há o menor infrator!*) – *No meu tempo de criança que era bom!* Repetir insistentemente: – *Deixa de ser criança! Essas são criancices indesculpáveis.* Outrora era preciso protegê-la dos comunistas; atualmente, dos consumistas.

Criminoso – *Uma coisa é certa: criminosos não são vítimas e devem ser punidos.*

Crise – *Não fale em crise, trabalhe!* De identidade. (*Não vivemos sem uma.*)

Críticos – Aqueles que tudo conhecem, tudo sabem, leram tudo, viram tudo, chamá-los criticoides ou criticastros.

C.U. – Preferimos pensar em Conselho Universitário.

Culpa – Do filosofês de estrada: *A culpa é minha e a coloco em quem eu quiser.*

Culto – Um chato cultivado.

Cultura – *Enriquece. Pergunte aos donos da Escola.* (Para-choque.)

Currículo – Era pra ser corrida, mas virou loteamento.

d

Da – Boca pra fora. Da noite pro dia. Da pesada. Da pior espécie. Da ponta dos pés à raiz dos cabelos.

Dama – Diz-se da mulher tímida, de dedos compridos, delicados e rosados.

Danado – Aluno que sempre escapa por entre as mãos da professora.

Dar – De mão beijada. Dar a cara pra bater. Dar o braço a torcer. Dar alfinetadas. Dar patadas. Dar com a língua nos dentes. Dar a luz. Dar no pé. Dar a última palavra. Dar asas à imaginação. Dar a última tacada. Dar a volta por cima. Dar conta do recado. Dar cabo. Dar nos nervos. Dar carta branca. Dar as cartas. Dar com a cabeça na parede. Dar com a porta na cara. Dar com os burros n'água. Dar conta de si. Dar corda. Dar de bandeja. Dar de cara. Dar na vista. Dar na telha. Dar duas palavrinhas. Dar um banho. Dar um puxão de orelhas. Dar uma coça. Dar gana. Dar o fora. Dar murro em ponta de faca. Dar o pontapé inicial. Dar o primeiro passo. Dar o troco. Dar o pulo do gato. Dar o tom. Dar pano pra manga. Dar pra trás. Dar parte. Dar sinal. Dar um tempo. Dar um jeito. Dar um passo em falso. Dar em nada.

Datas – Das provas. Dos exames. (*Quanto mais tarde melhor!*)

De – Cócoras. De alto a baixo. De boa fé. De arromba. De braços abertos. De coração aberto. De alma aberta. De cabeça erguida. De cabeça baixa. De alto calibre. De bom tom. De cor e salteado. De corpo e alma. De corpo inteiro. De cortar o coração. De espada em riste. De faca na bota. De mala e cuia. De parar o trânsito. De mal a pior. De meia tigela. De homem pra homem. De mulher pra mulher. De sol a sol. De olhos abertos. De olho vivo e pé ligeiro. De papo cheio. De porta em porta. De raspão. De vento em popa. De um dia pro outro. De vez.

Debate – Um jeito infalível de reduzir infinitas possibilidades a uma só.

Débil – Na Escola, as crianças falam: – *Seu débio mental!*

Deboche – Nossos inimigos, geralmente, falam com deboche.

Decepção – É causada por notas baixas, desclassificações em concursos, negações de bolsas.

Dedicação – *Quem tem vai longe!*

Dedicado – Diz-se do aluno comportado, silencioso e dedo-duro.

Deficiência – Só é possível depois que a eficiência é estabelecida.

Déficit – De atenção. (O mais importante diagnóstico escolar-médico do século XXI.)

Definição – Serve ao esclarecimento; serve apenas àqueles que não têm a menor vontade de se perderem.

Degraus – Estuda-se para subi-los.

Deitar – Após o almoço, de barriga pra cima.

Deixar – Rolar. Ou ao contrário: deixar as coisas como estão.

Deleuze – Riacho sem início nem fim. Ou, simplesmente: amigo do Guattari.

Delinquência – Estratégia de utilidade social.

Delírio – Da ordem do sublime.

Demente – Aquele que não seguiu a prescrição.

Democracia – A inquestionável. Ponto de coincidência entre a extrema direita e a extrema esquerda. Incrível.

Democrático – *O líder da turma precisa ser!*

Demônio – Aquilo que escapa de Deus. Aquilo que Deus não aprisionou.

Denegrir – Caso de racismo na Língua Portuguesa.

Denominador – Comum. Sempre comum.

Dentada – Na barriga da criança.

Dentes – Na boca do povo: estragados.

Dentro – Palavra erótica.

Denunciar – O assédio sexual do professor tarado?

Depois – Pode ser tarde demais.

Depressão – Central, na aula de Geografia (refere-se ao abaixamento da Terra). Lembra tarja preta, no consultório psiquiátrico.

Derrota – A glória de sofrer. (Cf. a música *O vencedor*, da banda *Los Hermanos*.)

Derrubar – Barreiras, obstáculos. (*Lembra autoajuda*.)

Desabafo – Prática de quem está acostumado a perder e, finalmente, ganha uma.

Desabrochar – *O quê? Eu nunca brochei! Quem te falou isso?*

Descartes – Plural de "descarte". (Exemplo de uso: descartes das cartas.)

Descobertas – Diferem das invenções. Nestas, há a emergência de algo novo; naquelas, o algo em questão estava apenas encoberto.

Desconfia – Sempre; mas sem ser paranoico.

Descrença – *Descrê e terás a tua vida alargada!*

Descrever – *Descreve, mas sem deixar de fabular!*

Desculpa – *Viverás melhor sem a culpa!*

Desejo – De doce. De viver.

Desempenho – Do léxico amoroso.

Desenhos – *Os desenhos já estão prontos, basta colori-los!*

Desenvolvimento – Processo que deseja transformar o "estranho" em "normal".

Desenxabido – Pessoa que lida com a burocracia.

Desesperar – *Bem feito! Quem mandou esperar?*

Desgraça – Pouca é bobagem, dizem os pessimistas.

Desigualdade – A parte da igualdade que preferimos não ver.

Desmembrar – Arrancar as perninhas das formigas.

Desmistificação – *Bem feito! Quem mandou mistificar?*

Desnaturalização – Pressuposição do novo.

Desnortear – Por que o Norte, e não o Sul, o Leste ou o Oeste?

Desobedientes – *Podem ser chatos, mas já imaginaram um mundo sem eles?*

Despeitada – *Põe silicone!*

Desprazer – Quando tudo estava encaminhado; era certo que iria acontecer, mas aí...

Destino – O do bebê é ir para a Escola; o da criança é chegar ao Ensino Médio; o do adolescente é passar no Vestibular; o do jovem é formar-se; o do adulto é trabalhar; o do idoso é voltar a estudar.

Desumanidade – Quando acontece algo novo.

Desunião – Quando uma forma está se decompondo.

Desvios – *Benditos sejam!*

Detestáveis – Os que defendem as suas posturas e ideias pela via da Moral.

Detrás – Imagem pornográfica. (Veem-se costas nuas e cabelos saltitantes.)

Detrimento – Por que é sempre "em detrimento de"?

Deus – É pai. Deus é grande. Deus é testemunha. Deus te ajude. Deus te proteja. Deus te guarde. Deus te valha. Deus te livre. Deus nos livre. Deus nos acuda. (Por vezes, é também chamado de Razão.)

Devagar – Se vai ao longe. Devagar e sempre. Ou ao contrário: devagar não se chega.

Dez – Mandamentos. Os dez melhores. Os dez piores. Os dez mais.

Diabólico – Diz-se do plano criativo.

Diabos – Te carreguem. (*Graças a Deus!*)

Dialética – *Fuja da dialética e será um gênio!* (Mas não confunda com fama ou com reconhecimento.)

Diálogo – Bom é quando ambos sabem que cada um está falando de uma coisa.

Dicionário – Um texto ambicioso ou debochado.

Dicionarista – Um escritor realista e, por isso, ingênuo; ou um escritor mentiroso e, por isso, fabulador.

Didática – Disciplina que ensina o que não é ensinável, mas como se fosse.

Dieta – Envelhecer é viver de dieta. (*Sai mais cara do que comer.*)

Diferença – Problema a ser resolvido pela Educação!

Diferentes – Como a água e o vinho.

Difícil – Não se opõe ao fácil, mas sim ao complexo. Assim como o simples não se opõe ao complexo, mas sim ao fácil. Exemplo de uso: a Ciência Exata é difícil, porém, simples; a Ciência Humana é fácil, porém, complexa.

Dignidade – *Aventure-se, porém, nunca perca a dignidade!* (Que não tem nada a ver com a moralidade.)

Dinheiro – Anda dando direito a diplomas.

Diploma – Nada prova. (*Mas vale pontos em concursos.*)

Direita – É a mão da História Ocidental. (*Use a mão direita e não serás sinistro!*)

Diretor – Homem careca; usa *blazer* marrom.

Diretora – Mulher não *sexy*; usa saia marrom.

Disciplina – É o que sempre falta à fila no corredor.

Discrição – Pedir ou não pedir dá no mesmo.

Discursar – Um modo de tomar conta de uma mesa de bar.

Discurso – *No máximo, vinte minutos por orador.*

Discussão – *Abaixe esse tom de voz quando fala comigo!*

Discutir – O sexo dos anjos.

Díspar – Tem como não ser?

Dissimulados – Professores que tumultuam as reuniões.

Distância – *Nem tão longe que se morra de frio, nem tão perto que se espete.* (Conselho dos porcos-espinhos.) Ou: pressuposto da criação.

Distraído – Tática *blasé*.

Distribuição – Uns têm azia; a maioria tem fome.

Ditadura – Palavra erótica? Ou: é o grande paradoxo daqueles que sonham com uma sociedade diferente: eles sabem que só conseguirão implementar essa nova sociedade se, antes, barrarem as outras alternativas. (Cf., em Karl Marx, "ditadura do proletariado".)

Dito – E feito. (É extrema e curiosamente usado depois de "propriamente".)

Dívidas – Tristezas não pagam.

Dizer – À boca pequena. O que vem à boca. Aos seus botões. Às paredes.

Do – Tempo da pedra lascada.

Dobrar – A língua. As roupas.

Dócil – É o cachorrinho.

Documentos – Enriquecem os cartórios.

Doença – Boa para legitimar o ficar na cama.

Dois – Dedos de conversa.

Dor – De barriga. Dor de alma. Dor de cotovelo.

Dormir – Com as galinhas. Dormir como uma pedra. Dormir com um olho aberto e o outro fechado. Dormir como um porco. Dormir o sono eterno. Dormir sobre o caso.

Dose – Cavalar. (Ou: uma filosofia de vida.)

Douto – *Coisa mais enfadonha. Coisa mais antiga.*

Doutrina – (Idem ao verbete acima.)

Drama – *Ele adora fazer um!*

Droga – *O problema é que vicia!*

Duradouro – Deveria servir apenas à construção civil. No resto, melhor é o efêmero.

Duro – *Antes sempre do que nunca!*

Dúvida – *Se alguém tiver alguma: levante a mão!*

e

Eclético – Para alguns, o inventivo. Para outros, o vagabundo. Aplica-se a professores e alunos.

Ecumênico – Aquele que acredita em tudo por pavor de não acreditar em nada. Emociona-se em cultos de formatura, de final de ano e afins.

Edipiano – Tipo específico de problema psicológico dos alunos com pais ausentes, que não colaboram com a professora, que não reensinam a matéria em casa tim-tim por tim-tim, blablablá.

Educador – Intitulação inventada por Paulo Freire, amplamente autoatribuída por professores que não gostam de ensinar.

Educando – Antes era o garoto que morava em educandário. Hoje é todo mundo.

Efeméride – Quando não há aula e todos têm de suportar festinhas comemorativas sem graça; tudo em prol do bom desenvolvimento social e psicológico das criancinhas.

Efeminado – O menino que nasceu no corpo errado. Mas sempre é tempo de mudá-lo; o corpo, não o menino, claro.

Efetivo – O professor que não pensa em pedir demissão.

Eficácia – Um das irmãs da Gata Borralheira, figurinha fácil na Educação Básica.

Eficiência – A outra irmã.

Ego – Eu nego. Tu negas. Ele não nega.

Egotrip – Sentar-se na primeira fileira. Preparar-se para o vestibular. Sonhar em ser empresário.

Elemento – Expressão evocativa utilizada pela Guarda Escolar ao abordar alunos que vagueiam pela Escola após terem sido expulsos de sala devido a maus comportamentos.

Eliminatória – Diz-se da fase em que o envelhecimento desponta no jogo de viver. Todos a enfrentam, ninguém a suplanta. Somos todos amadores.

Elipse – Um modo potente de escrever, amplamente rechaçado pelos professores de Língua Portuguesa.

Elite – Quem faz parte dela acha que não é integrante de uma tropa, mas sempre o é.

Elogio – Consolo obrigatório para os fracos.

Eloquência – O estratagema de quem não desconfia que está falando tamanha tolice, a tal ponto que o outro também começa a não duvidar disso.

Elucubração – Um modo pouco potente de pensar, empregado às vezes pelos professores das Humanidades.

Emancipação – Só a conclamam os que menos a querem. Senão, quando já é tarde demais.

Embasamento – Um modo pouco potente de agir, amplamente apregoado pelos professores de Ciências.

Embate – O ponto mais intenso das vidas é bem ali onde elas se chocam com o poder, tentando utilizar suas forças ou escapar de suas armadilhas, disse Foucault.

Embora – *Tocou o sinal. Bora! A vida nos aguarda lá fora.*

Embromação – Um modo potente de escrever, de pensar e de agir, amplamente difundido entre os alunos mais inteligentes.

Emburrado – Misto de ajumentado com acavalado. Devirmuar das manhãs de segunda-feira.

Ementa – Contrato em letras minúsculas que alguém escreveu e que ninguém leu.

Emergência – *Conselho Tutelar já!*

Eminência – A vossa. O contrário de iminência. A nossa.

Emoção – Contemplar o aluno apagar os restos do professor nele. A criação.

Empenho – Um dos Três Porquinhos, figurinha fácil no Ensino Universitário.

Empregabilidade – O segundo Porquinho.

Empresariamento – O terceiro Porquinho.

Empurra-empurra – Iniciação sexual escolar.

Encafifado – Situação de quem está prestes a botar a mão em cumbuca, a cutucar onça com vara curta, a se lambuzar de tanto comer melado, etc.

Encaminhamento – *Moleque, vá cantar de galo em outra freguesia.* Do psicanalista, do padre ou do juiz.

Encantamento – O menino tímido com sua primeira professora; se ela for bonita.

Encapetado – Diz-se, na primeira vez, do aluno engraçadinho.

Encarregado – Aquele que faz de tudo, menos carregar o piano. Metodólogos do ensino, por exemplo.

Enciclopédico – Descendente direto dos Ciclopes, gigantes com um só olho encravado no meio da testa. Tinham uma força descomunal, mas enxergavam mal, os pobrezinhos.

Encravada – A unha, sempre. E nada mais.

Encrencado – Diz-se, na segunda vez, do aluno engraçadinho.

Energia – A única razão para os postes ficarem parados. Aos demais: *Avante!*

Energúmeno – Diz-se, na terceira vez, do aluno engraçadinho.

Enfadonho – Condição da cumbuca, da onça e do melado, após repetidas vezes de uso.

Ênfase – É o que só a mesóclise faz. A próclise, não mais. A ênclise, um pouco ainda.

Enfermidade – Aquilo de que padece quem a diagnostica em outrem, sem jamais seguir a terapêutica que lhe prescreve.

Enfezado – Diz-se, na primeira vez, do professor nervosinho.

Enfoque – Nossa incapacidade de enxergar 360 graus. Pena.

Enforcar – Imagina o périplo de aulas penadas que existe nesse mundo?!

Enfronhar – Sinônimo de imiscuir-se. As duas palavras mais feias da língua portuguesa.

Engano – Só o ledo. Se não, é o medo.

Engodo – Conclusão certeira depois de alguns meses de profissão.

Enigma – O que era claríssimo desde o início, depois de ser decifrado.

Enlouquecer – *fpctjvafQEdçuobyigLDVKGjnBHJVGhjgvtUWJh ddmPVBcHVDOad*. Entendeu?

Enquadrar – Como se aniquila a liberdade num só golpe.

Enrascada – O rapaz não mais tímido com sua última professora; se for feia.

Enredo – Sem trama e sem final, sempre. Como o queria Tchékov.

Enrustido – Diz-se, na segunda vez, do professor nervosinho.

Ensaio – A condição da estreia que não cabe em si. Toda aula que merece seu nome.

Ensimesmamento – O que nos obriga a olhar o pouco que foi feito de nós.

Ensino – Fixa o espelho e te perguntas o que ainda é só teu. E então?

Ensurdecimento – O que nos obriga a escutar o muito que restou em nós.

Entendimento – *Viver ultrapassa-o*, dizia Clarice Lispector.

Entusiasmo – *Viver adensa-o*, alguém-ninguém retruca.

Enunciado – O comando que vem embutido no desinteressado ponto de vista alheio.

Envelhecer – Aposentadoria por tempo de serviço de viver. Pode acontecer com crianças, jovens, adultos, idosos e, quase sempre, professores.

Enxovalhar – Arte de conferir alguma dignidade a ideias herdadas, convencionais, medíocres, estúpidas e afins, carbonizando-as de uma vez por todas.

Epígrafe – As muletas para iniciar uma caminhada. Necessárias, às vezes.

Episódios – As unidades mínimas do viver. Não os dias, nem os meses, nem os anos, mas os acontecimentos, aqueles que ficam sem ficar.

Epistemologia – Conhecer o conhecer do conhecer. Deixa pra lá. Melhor é desconhecer.

Epopeia – Historinha de aventura, intencionalmente extensa, com pretensão bíblica e final moralista. O contrário da vida, essa coisa sem enredo, nem heroísmo.

Equação – As correlações entre as unidades mínimas do viver, por meio das quais opera a aritmética triste da memória. Melhor não.

Equidade – Só a conclamam aqueles que já a têm. Irmã mais nova da igualdade, aquela velha senhora francesa de casaco de pele e fanática por brioches.

Equilíbrio – Irmão de criação da meia-verdade e da meia-voz. Também conhecido por meia-boca.

Equipe – Figura semântico-pragmática cultuada em situações de trabalho e de esporte. Afora isso, só se age em bandos. Ou sozinho, isto é, com o bando em si.

Erotismo – O que pode ocorrer nos vestiários escolares.

Erro – Tudo o que se opõe a determinado regime de verdade. O novo.

Erudição – Se for combustível para a criação, muito que bem. Se não, não valerá um tostão.

Esboço – Gêmeo univitelino do caroço. Onde as coisas começam, ou se acabam.

Esbórnia – Suas consequências fazem-se sentir nas primeiras aulas de segunda-feira de manhã. Cada vez menos frequente. Pena.

Escaldados – Gatos, pulgas, carrapatos e alunos o são, amiúde.

Escambo – O que acontece no pátio, no horário do recreio. Pode se dar com mercadorias, com serviços ou com fluidos, todos suspeitíssimos.

Escândalo – A professora que veio com uma saia transparente. O professor que esbarrou nos seios da aluna que o uniforme não consegue mais esconder.

Escanear – Mimeografar, três décadas depois.

Escanteio – Lugar dos anômalos, dos disfuncionais, dos alienígenas em sala de aula, esses notáveis.

Escapatória – O portão da Escola esquecido aberto. Se não, o muro mesmo.

Escarcéu – A palavra mais linda do mundo. Nos dicionários, significa uma grande onda formada pelo mar revolto. Fora deles, a vida como ela exige ser.

Escárnio – A matéria de que é feito este *Dicionário*. Machado de Assis preferiria "caçoadas".

Escassez – Aquilo que só quem tem algo em abundância supõe faltar ao outro. Ou o contrário. Deixa pra lá.

Escatologia – Todo mundo acha que é sacanagem pesada, mas, acalmai-vos, é só o fim do mundo.

Esclarecimento – Quem precisa dele? Também atende pelo codinome "Ilustração", nas casas noturnas onde faz shows concorridos.

Escola – Lugar onde absolutamente tudo pode acontecer, menos o ensino de competências e de habilidades. Se não, é canil.

Escolado – Diz-se, não sem razão, daquele que não frequentou Escola.

Esconde-esconde – Iniciação sexual escolar, parte II.

Escravidão – O que se combate na experiência artística.

Escrileitura – Maluquice conceitual maravilhosa inventada por uma maluca maravilhosa. Ela está neste *Dicionário*.

Escroto – Diz-se, na terceira vez, do professor nervosinho.

Escrúpulo – O que não contém a experiência artística.

Esculhambar – Sinônimo de avacalhar que, por sua vez, significa enxotar a dita-cuja para o brejo. É tudo o que quer um dicionário de ideias feitas.

Escuta – *aqui, moleque! Ou você me respeita, ou eu vou te mandar pra quem te dê um jeito. O psicanalista, o padre ou o juiz. Você escolhe.*

Esdrúxula – Modo castiço de dizer "proparoxítona". Em espanhol, é usado ainda. E é bem mais bonito.

Espanto – O que é convocado pela experiência artística.

Especial – Antes era só o deficiente. Hoje todo mundo se sente assim.

Especialistas – Antes nem o deficiente precisava deles. Hoje todo mundo acha que não sobreviveria sem eles.

Especulador – Antônimo de especialista. Todo aquele que pensa com a própria cabeça.

Espelunca – Toda Escola que vende a imagem de que tem proposta pedagógica diferente das demais.

Esperança – Só têm salvação aqueles que a deixaram para trás; está dito na porta do Inferno de Dante – sobre deixá-la para trás, não sobre a salvação.

Esperteza – Aquilo que só os outros têm. É sua porção "grama mais verde".

Espetáculo – Pensar diferente. E diferente do diferente. Sempre.

Espírito – público, santo, da lei, de corpo, de luz, de porco. Só o último vale a pena.

Esporádico – Relativo a espora. Mais especificamente, aquilo que acontece ao corpo quando o tempo resolve lhe aplicar suas fisgadas sazonais. Latejamentos.

Esquecimento – *O que era mesmo que eu devia ter decorado pra essa maldita prova?*

Esquemático – *Agora lembrei. Bendita cola!*

Esquerda – Quando extrema, é sinistra. Quando festiva, adora fazer dicionários de ideias feitas.

Esquisito – Sem juízo, nem prejuízo. Belezas.

Esquizo – Gástrico está para estômago assim como esquizo está para Deleuze e Guattari. Ou o contrário?

Essência – O que os metafísicos, coitados, caçam a vida inteira, sem nunca encontrar. Ainda bem.

Estabilidade – Não, obrigado, já estamos satisfeitos. Pode ficar com ela inteira.

Estado – civil, de direito, de sítio, de calamidade, de bem-estar, de graça. Nenhum deles é tão interessante quanto o interessante, principalmente se for da professora bonita.

Estafa – Moléstia ocupacional incurável que acomete os alunos depois de décadas de trabalhos prestados à educação.

Estapafúrdio – O melhor professor que tivemos na vida, sem dúvida.

Estar – por fora de tudo, pouco se lixando, por um triz, nem aí. Ou de peito aberto, cara a cara, para o que der e vier. Como os alunos, *blade runners* que são.

Estímulo – Ratos, pombas e professores são viciados nele. Alunos, não.

Estudo – A única coisa que os pobres sonham deixar para os filhos. Conseguirão?

Et cetera – Todas as coisas do mundo que não se querem dizer, mostrar, etc.

Eternidade – O instante. Só.

Ética – Expandir-se desenfreadamente. E dançar. Só.

Eu – Sem comentários. Deixa pra lá.

Evasão – Condição do aluno que se cansou, que se safou, que não retorna jamais; a não ser nas estatísticas.

Exagero – Aquilo que os nossos inimigos mais invejam e detestam em nós.

Expressão – Nosso ofício, nosso desejo, nossa sina.

Extravagância – A matéria exclusiva de que é feita uma educação avessa a ideias feitas.

f

Fabulação – O que seria da historiografia oficial sem ela? No fim das contas tudo não passa de uma grande invenção.

Falácia – A da moral educacional vigente.

Falcatrua – Vide Senado Nacional.

Falência – A do sistema educacional já cansou.

Falha – Quem não tem?

Falido – Só o próspero sabe o que é. Professor substituto depois do dia 15 de cada mês.

Falso – Potência criadora.

Falta – Muitas coisas podem não existir numa Escola: segurança, instalações materiais adequadas, merenda, funcionários e professores. O único que não pode faltar é o aluno. Após a segunda consecutiva, fala-se com o aluno; a partir da terceira, chamam-se os pais; esgotados todos os recursos escolares viáveis, aciona-se o Conselho Tutelar.

Fama – Depois de 15 minutos começa a aborrecer. Teremos nós, dicionaristas, após a publicação deste *Dicionário*(?)

Famigerado – Denominação utilizada pelos alunos para o professor ralador.

Família – Um mal necessário. Afinal, sem os pais, os avós, os tios e, o papagaio, de quem os professores se queixariam?

Fantasia – O que seria da realidade sem ela? Em tempos escolares conteudistas, nossos alunos carecem de muita.

Fantasma – Mais dia menos dia ele sai do armário. Praga de aluno pega.

Fardo – Quem gosta de carregá-lo é o camelo.

Faro – Quem tem vai longe...

Farol – Professor com delírio de grandeza.

Farpa(s) – Nas reuniões de formandos elas saltam para todos os lados.

Fascínio – Muitos professores queriam ter, mas poucos despertam...

Fase – Privilégio das mulheres. Sempre há uma para o seu filho em compasso de espera na escola.

Fatal – Prerrogativa feminina.

Fatalidade – Ganhar cola errada e ainda ser pego no ato.

Favor (!) – Mais vale conceder do que pedir. Pedido de professor estressado em turma efervescente: – *Querem fazer o favor de calar a boca!*

Faxina – A limpeza da mente é a mais difícil de fazer. Livrar-se de certos alunos problemáticos (é mais higiênico do que acolhê-los em suas diferenças e dificuldades.)

Fedor – *Mais que o poder, todo o fedor emana do povo*, como bem sabe Millôr.

Feio – É sempre o outro. Xingamento pueril e, em desuso até mesmo entre as crianças.

Felicidade – Conceito que serve, principalmente, para deixar as pessoas infelizes. Sentimento de mãe, geralmente de classe social menos favorecida, ao apreciar o desempenho de seu filho na escolinha... de futebol, de judô, de natação.

Fenômeno – O que seria de Kant sem ele? Aluno que pega recuperação até em Educação Física.

Fera – Aluno que obteve escore elevado no vestibular.

Feriado – Pequenas férias, oposto ao dia útil, mas nem por isso improdutivo.

Férias – Intervalo de tempo em que professores e alunos descansam enquanto os pais ficam cansados.

Ferida(s) – Afaste-se: é melhor não tocar. As narcísicas são as mais difíceis de cicatrização.

Ferrado – Aluno pego matando aula fora da Escola.

Festa(s) – O melhor é prepará-la. Na Graduação proliferam como brotoejas em bunda de neném.

Fetiche – O da mercadoria caiu com o Muro de Berlim. Professora de Espanhol, de pele morena, óculos de lente com armação vermelha, cabelos longos e pretos, impecavelmente alinhados e presos, lábios carnudos e decote generoso, perguntando:
– ¿Qué pasa?

Ficando – *Afinal, ficou ou não?*

Ficar – Modo rápido e fugaz de relacionamento entre alunos. Geralmente, sem acarretar maiores consequências. No caso de ocorrer entre uma aluna e um professor, ninguém quer se responsabilizar por elas.

Ficha – Afaste-se da corrida. Antiga moeda de transporte escolar.

Fidedigno – Todo o professor deve ser, apesar do seu contracheque.

Fidelidade – Para com este *Dicionário*.

Fiel – Siga as suas mudanças. Tão somente à Flaubert, Millôr e todos os filósofos das estradas.

Figura(s) – É para ser admirada. As fotos emolduradas dos diretores da escola expostas na parede da sala do Conselho da Unidade.

Fila – É na Escola que se aprende a furá-la. A pior é a do R.U. em dia de chuva.

Fileira – Não engrosse nenhuma.

Filhos – Nem todos são educáveis (*que o digam os filhos de psicólogos e pedagogos!*)

Filme – Recurso audiovisual bastante utilizado quando o professor não teve nenhuma grande inspiração ao preparar a sua aula.

Filosofar – Conversação sem compromisso de chegar a algum lugar. O que faz um filósofo com a Filosofia, entre outras atribuições.

Filosofia – É necessário chegar ao fim da vida para defini-la. Entre outras coisas, componente curricular.

Filósofo – Sujeito ocioso que ganha a vida fazendo perguntas. Entre outros atributos, professor de Filosofia.

Fim – A ignorância não tem. Este *Dicionário* parece não ter mais...

Fio – Nunca o perca.

Firula – Serve tanto para ganhar como para perder tempo.

Fisco – Uma das poucas coisas que não tarda nem falha.

Fisgar – Nem tudo que cai na rede é peixe.

Fissura – Fique atento, precede o colapso.

Fissurado – Entrou em colapso.

Flatulência – Observe que quando isso ocorre a uma aluna, em seguida ela tosse. Efeito gastrointestinal que se manifesta, geralmente, em dias de Exame Final.

Flecha – Nietzsche sabia atirá-la.

Flertar – Os jovens fazem sem saber o que é. Só se for via *webcam*.

Fleuma – Aconteça o que for não perca.

Flex – O carro pode ser; mas, quanto ao seu dono? Aluno que aceita e convive com todos os tipos de critérios de avaliação. Sem maiores impedimentos.

Fluxo – É importante saber entrar e sair deles. Professores substitutos.

Fofoca – Rende mais do que a Bolsa de Valores.

Fofoqueiro – Perde um amigo, mas não a fofoca.

Folga – Um dos momentos do dia mais esperado por professores e alunos; embora ninguém aprecie ser denominado de folgado.

Folgado – Aluno debochado, admirado pelos colegas, para desgosto dos mestres.

Folha – A preenchida provoca menos pânico do que a branca. De pagamento, de rascunho, A4, em branco, preenchida, rasgada, rasurada, desperdiçada, de assinaturas, de apontamentos, pautada, lisa, quadriculada, manchada, pintada.

Folia – Nunca é demais.

Folião – Folia grande.

Fome – Sensação de vazio existencial que surge ao final do quinto período da manhã.

Fomento – A sua demora pode transformá-lo em mofento.

Fonte – Tenha cuidado ao usá-la, sob o risco de a sua credibilidade ir por água a baixo.

Fontol – Aqueles que dele fizeram uso podem não se encontrar mais entre nós.

Fora – Zona de criação... Desde que não seja a do pátio da escola...

Força (campo de) – É só o que há no universo. Reunião de Departamento.

Formação – De um modo geral, o corpo docente evidencia uma extrema preocupação com a formação dos alunos: ela não deve ser fragmentada, nem precária, ou insuficiente. No entanto, o mais interessante é o que o aluno faz para escapar da fôrma.

Formado – Sinônimo de deformado. E o mercado de trabalho?

Formatado – Forma presa.

Formatura – Quem viu uma viu todas. Pobre do bolso dos pais.

Fórmula – Serve mesmo é para passar no Vestibular (– *Alguém ainda recorda a de Bhaskara?*)

Forra – *Vá!*

Fortaleza – Encontre a sua. Em dias frios e chuvosos, é para onde viaja o pensamento de muitos alunos e professores durante as aulas.

Forte – É quem afirma.

Fotocópia(s) – Sem reprodução não há educação! Cópias imperfeitas.

Fotografia – Nem ela é fiel.

Fracasso – Na Escola não existe, pois quem não aprende evade.

Fragmentado – É como fica o pensamento dos alunos depois de um dia letivo.

Francês – Sujeito que se considera o centro do universo.

Franqueza – Use-a com moderação.

Fraude – Ato nada original.

Frequência – Serve para domesticar os corpos. Quem dela entende é o professor de Física. (*Argh!*)

g

G – A sétima letra do alfabeto. Consoante provida de sensualidade e mistério; nas mulheres representa o ponto certeiro, alguma coisa entre o F e o H. Em ditados, é a letra que se confunde bastante com o J.

Gabão – Poderia ser um país da África ou algum xingamento pueril. *Antes o Gabão!* – teria pensado certo aluno durante uma aula enfadonha.

Gabar(-se) – De nunca ter tirado uma nota vermelha.

Gabardina – Uniforme escolar para dias de chuva.

Gabaritado – O escolhido dentre os desmotivados. – *Ele é o mais gabaritado para a função.*

Gabarito – O que todos gostariam de ter antes da prova. (E o que mais apavora, depois.)

Gabinete – O da direção da escola é sempre o mais temido.

Gabiru – Aluno em situação de risco (Cf. *Periclitante*) que ao final do ano letivo se consagra.

Gadiforme – Só a professora de Biologia sabe que não tem nada a ver com o gado que pasta.

Gado – A condição humana. Mais evidente em cada fila de banco ou de matrícula escolar.

Gafanhotão – Sempre bem mais jovem e bonito que *eu*, mais quente que *o meu* e que mostra que todo desejo é uma alegoria.

Gafanhoto – *Deu na minha roça, comeu, comeu, toda a minha plantação.*

Gafe – O ato falho dos não intelectuais.

Gagá – Um dia foi respeitado. Diz-se do professor de Biologia que sabe muito, mas que hoje...

Gago – Ga...ga...go...go...

Gagueira – Tem mentira aí.

Gaia – Aluna pré-adolescente que usa sandália de tirinha, senta no chão, vive no mundo da lua e dá nos nervos (aplica-se, também, a algumas professoras de História ou de Ciências).

Gaiato – Em Portugal é casa de ajuda, no Brasil é entrar pelo cano (de gaiato). Os alunos dos anos 80 cantavam – *Entrei de gaiato no navio, entrei pelo cano...*

Gaiola – Das loucas.

Gaita – Atividade lúdica difícil de aprender (na costura) e impossível (na música).

Gaitada – Os melancólicos não sabem o que é isso.

Gaivota – Sempre aparece nos desenhos dos não talentosos, com um sol e uma montanha ao fundo. Desenho clássico nas aulas de Educação Artística.

Gal – A cantora que não é irmã do Caetano.

Galã – O da novela, irresistível.

Galante – O daqui, simpático.

Galanteador – O daqui, irritante.

Galáxia – Os alunos distraídos vivem sempre noutra. Bem mais interessante que a grande maioria das aulas.

Galeano – Já li na aula de História. Em roda de alunos ou professores, dá *status* tê-lo lido.

Galega – Geralmente loira e bonitinha.

Galeria – Parecer descritivo escolar.

Galeto – Festa de confraternização melancólica de final de ano; eles levam a carne e a bebida; elas, a salada e a sobremesa.

Galho – Quando dá, é um problema.

Galinha – Barata e boa de comer. Cardápio clássico no R.U.

Galinheiro – Um pouco antes da reunião de professores.

Galo – Um só é pouco. Em turmas de Pedagogia o galo é o *bendito fruto*.

Gamada – Tolinha.

Gamado – Bobo.

Gambiarra – Coisa confusa mas que serve para alguma coisa. Matéria de aula e cabeça de aluno em dia de vestibular.

Gana – O que ele tem e o que eu precisaria ter mais.

Ganância – Um pouco é bom e muito parece ser pecado.

Ganancioso – *É sempre ele, nunca eu.*

Gandaia – Hoje em dia é oba-oba. Como é bom cair nela... *Resort* imaginário dos alunos que não querem nada com nada.

Gângster – Vive bem melhor que um pesquisador.

Ganhador – Quando da rifa, é sempre um desconhecido. Quando da pior nota da turma, um ilustre coitado.

Ganha-pão – Nunca se ganha. O dos funcionários da Secretaria de Educação é duro.

Ganho – Vantagem suspeita obtida com astúcia.

Ganido – É o que não se suporta quando se está de saco-cheio de alguém.

Garagem – Para poucos.

Garanhão – Para todas.

Garantia – Nenhuma. Só pagando.

Garantido – Pagar para ver. *Hoje em dia nem 2 + 2 dá 4...*

Garatuja – Aquilo que escapa ao desenho da figura humana.

Garça – Professor e aluno em dia de prova. Diz-se daquele que tem pescoço comprido.

Garfada – *Ai!*

Garfo – Do capeta, é coisa ruim. Proibido nos voos domésticos (somente de plástico) e em culto da Assembleia de Deus.

Gargalhada – Boa e proibida, como o bocejo.

Garganta – Seca e dolorida ao final do último período de aula.

Gargantear – Que entra num ouvido e sai pelo outro. Discurso didático.

Gargantilha – Muito antigamente era um presente de ouro. Hoje, é presente de amigo-secreto.

Gari – O vizinho do porteiro. Agora, até para exercer essa profissão tem que ter o Ensino Médio.

Garoa – Dá sono durante a tarde. Melhor que não tenha aula.

Garota – Aluna entre 17 e 21 anos.

Garoto – Aluno entre 13 e 15 anos.

Garrancho – Menos romântico do que a garatuja. (Cf. *Garatuja*.)

Garrincha – Aluno torto, mas que sempre dribla o professor.

Gás – É o que falta a todos da escola depois de agosto.

Gastrite – Só quando aguda é digna de atestado médico. Possível consequência orgânica de dissertações e teses.

Gata – *Olha ali...*

Gatão – Noção subjetiva e passível de polêmica num grupo. – *Hum, aquele novo professor de Química é um gatão...* – suspira a professora de Artes Plásticas. *Ah não... Lá vem você de novo com esse seu gosto horrível!* – exclamam negativamente as professoras de Português e de Geografia. Cria-se, então, um verdadeiro problema interdisciplinar.

Gato – *Não olha agora...*

Gato (-pingado) – Sempre aparece nas reuniões de formação, com mais uma meia-dúzia de outros.

Gatuno – O ladrão dos polidos.

Gauchada – Dá para escutar de longe.

Gaveta – Onde está? Não é recomendado guardar alguma coisa importante nela. Para os docentes, escaninho. Quanto maior o cargo, maior a segurança. As gavetas de diretores geralmente são cadeadas.

Gay – *Mas ele nem parece...* Deixou de ser uma mera opção sexual; hoje, é uma questão de estilo.

Gel – A versão masculina do laquê. O diretor da escola gosta muito de usar.

Gelatina – Quando não tem sagu ou arroz de leite no refeitório da escola ou no R.U.

Gelo – Para quem sabe patinar, é pista de dança (Nietzsche).

Gema – A parte amarela do ovo. (A outra é a clara.)

Gemido – Sempre dá vontade de escutar.

Genealogia – Só se for para o presente (Foucault).

General – É sempre um idiota, mas muito mais poderoso do que eu. Como são reconhecidos alguns professores.

Generalista – Pedagogicamente mais simpático que o especialista.

Gênero – Uma noção muito perigosa, da qual é melhor sempre fugir. Só falta concordar em grau e número.

Genética – Versão moderna da Metafísica. No fim das contas, a aprendizagem é uma questão de gens. Ou seja, tu tens ou não tens.

Genético – A causa mais apropriada e indiscutível. (*É genético.*) *E que se dane o fenótipo!*

Genial – Um elogio.

Gênio – Mata o genial. Fantasma que nos povoa. Aluno superdotado.

Genoma – Todos têm mas poucos conseguem explicá-lo. *Deus está morto!* – já dizia Nietzsche.

Gente – Noção que reside entre o indivíduo e o ser humano. Que tem nome e sobrenome; de pele branca e família supostamente estruturada; bem alimentado e aluno(a) de escola particular.

Gentil – Aluno que fornece cola e não pede nada em troca.

Gentileza – Gera gentileza. (Profeta gentileza.)

Gentleman – Aluno que, além de fazer o que faz (cf. *Gentil*), é bonito, astuto e sensível.

Genuflexório – Dispositivo para fazer o joelho doer, como a bunda em relação a certos assentos escolares.

Geografia – Menos complicada que Física.

Geógrafo – Aquele que gosta de fugir da cidade.

Geomancia – Arte do professor Challenger (como *Mil Platôs* de Gilles Deleuze e Félix Guattari).

Geração – A de hoje sempre é pior.

Gestação – De pobre é um problema social.

Gestante – Sempre de pele bonita. (Quando não é pobre.) Fica ainda mais bonita porque não trabalha um pouco antes e um pouco depois do parto.

Gibi – Mais apetitoso que o livro de História e menos saboroso que o videogame.

Gigabyte – Cabe muita coisa. *Se minha cabeça tivesse uma entrada USB* – autorreflexão de aluno em véspera de prova.

Gim – Uma opção quando não se tem outra coisa para beber.

Ginásio – Quando a Escola tem, é o melhor lugar.

Ginga – Um dom. (Ver *Garrincha*.)

Gíria – Escorregador da língua. – *Tipo assim, ó...*

Giz – Para escrever no quadro-negro que é verde. *Desenho toda a calçada, acaba o giz, tem tijolo de construção. Eu rabisco o sol que a chuva apagou.*

Glamorosa – É a rainha do funk.

Globalização – Na aula de Sociologia do professor barbudo, é a causa de tudo.

Globo – É redondo e faz plim-plim. Há muito deixou de pertencer às aulas de Geografia, apenas.

Glória – Ser reconhecido como Doutor sem ter cursado Medicina, Psicologia ou Direito.

Gloss – Sinônimo de festa na noite anterior; substitui a purpurina.

Glossolalia – Por uma língua menor.

Gluglu – Os alunos dos anos 90 faziam muito. (*A culpa é do Sérgio Malandro.*)

Gnomo – Ver gnomos é psiquiatricamente menos patológico do que ouvir vozes.

Godot – Continuar esperando o reajuste salarial...

Gol – Não ganha jogo, mas que ajuda, ajuda.

Gole – O bêbado sempre busca o penúltimo. (Deleuze.)

Goleiro – Personagem trágico, tal como o educador de jovens e adultos.

Google – A origem de tudo. O *Gênesis*.

Gordinha – Quando se é, a coisa tá feia mesmo. Em escolas, provável alvo de *bullying*.

Gordura – A melhor maneira de queimá-la é deitar-se sob o sol de Salvador. (Com uma porção de camarão e uma caipirinha.) Proibida nos refeitórios e lancherias escolares.

Gorjeta – Virou propina.

Gorro – Simulacro do uniforme escolar. Da Nike, Nicoboco, Billabong e dos Racionais.

Gota – Uma gota é suficiente para alimentar os pássaros (Henry Miller).

Gótico – O aluno metaleiro dos anos 80. Antepassado do emo.

Gozação – Não precisa explicação.

Gozo – O deleite dos psis.

Grade – De horários e de prisão.

Grafite – Pichação artística no muro da escola.

Grama – Cada vez mais rara no pátio das Escolas Infantis.

Gramado – O nome para o areião onde se joga o campeonato de futebol da Escola.

Gramática – Subverter.

Gramatical – Qualidade daquilo que anda na linha. Literalmente.

Grana – Na roda de educadores-sociais e professores da periferia é raridade.

Grande – Depende do ponto de vista.

Grandona – Coordenadora pedagógica solteira, alta e feia.

Grão – Da voz. (Roland Barthes.)

Gratidão – Mais pegajosa que Super-Bonder.

Gratificação – (Ver *Gorjeta*.)

Grátis – Se é mesmo, então vamos lá.

Gratuito – De qualidade suspeita e ordinária. Se for relativamente bom, é sinônimo de muita fila!

Gravidade – Demais é ruim. Dependendo dos fatos (e do aluno) pode gerar, na melhor das hipóteses, uma suspensão.

Gravidez – Um investimento custoso. Bom mesmo é fazer. Quando ocorre na adolescência: causa ou consequência da evasão escolar?

Gravura – Quando tem, é bem melhor de ler.

Gregário – Aquele que desconhece os poderes da solidão. Em dia de exame escolar, diz-se dos alunos que povoam o fundo da sala.

Gregos – Já não são mais os mesmos.

Grêmio – Para os colorados, somente o estudantil.

Greve (?) – Não. É a gripe suína.

Grevista – O ultimo dos moicanos. Funcionário público niilista com um pingo de esperança.

Grife – Um algo a mais. Em tempos adolescentes, pertencer a uma tribo.

Grifo – Costuma-se grifar aquilo que certamente irá ser esquecido.

Grilo (bicho) – Não dá para vê-lo porque sempre está atrás da orelha. Estudante de Geologia ou Biologia.

Gripe – A melhor forma para descansar ou não ir à escola sem culpa. Em dias atuais, causa de escolas e universidades vazias.

Grisalho – Professor sedutor e experiente, que causa frenesi na ala feminina (Cf. *Quarentão*).

Grito – O do Munch é esteticamente mais saboroso do que o das crianças no pátio.

Groselha (refresco) – A maior quantidade de corante por centímetro quadrado. Com salgadinho *Miliopã* fazia um dueto saboroso nos recreios dos anos 90.

Grupo – Uma grande ilusão; causa de muitas psicopatias. Quando se é novo na escola, é preciso se juntar a um.

Guache – A tinta mais barata e geralmente comprada pela Secretaria Municipal de Educação.

Guaíba – É rio ou lago?

Guarani (O) – Leitura obrigatória para o vestibular e para depois esquecer.

Guattari – O Robin da Filosofia da Diferença.

Guerreiro – Diz-se do aluno que tenta fazer vestibular de Medicina pela quinta vez, que só fracassa mas que persiste.

Guia – (Cf. *Gramática*.)

Guitarra – Toca-se da mesma forma que o violão?

Guloseima – A paçoquinha de amendoim era a melhor na prateleira da cantina da escola.

Gutemberguiano – Se não fôssemos não teríamos este *Dicionário*.

h

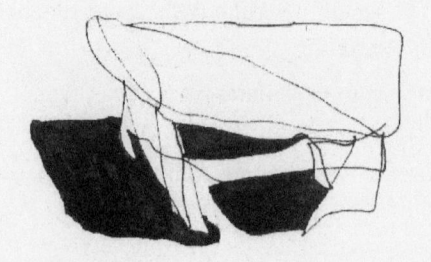

H – Após o P dá um ar retrô.

Hã – Seguida de?

Habena – Para um "eu lírico" indisciplinado. Em desuso – o eu lírico, claro. (Cf. *Rédea*.)

Habermas – Um cidadão muito comunicativo.

Hábil – O primeiro a ser escolhido.

Habilidade(s) – São como os dentes: ou se têm ou não se pode sorrir. Ao lado de Competências formam um dueto pedagógico impecável.

Habilitação – Pede-se para conduzir automotores e crianças.

Habitação – Moradia popular financiada pelo Governo.

Habitat – Os pobres e os animais possuem habitat natural. (O de alguns professores é a queixa.)

Hábito – Come ananás, mastiga perdiz. Teu dia está prestes, burguês (Maiakóvski).

Hachuras – Explanações que começam por "eu acho...".

Hafalgesia – Dos Males da Educação. (Cf. *Histeria*.)

Hagiografia – Manuais sobre o Método Fulaniano.

Hagiólogo – Aquele que pesquisa o Método Sicraniano.

Haicai – Arte sintética. Cerejeiras estão em desuso. O mesmo que "meter-se de pato a albatroz". (*Escrever haicaídos e haicais do Inferno*.)

Hálito – Distingue. O mau hálito é bom contraceptivo. Bocas vazias fedem.

Halomancia – Dispositivo avaliativo utilizado por professores de Educação Física.

Hamlet – *Tupi or not tupi, that is the question*. (Oswald.)

Haplografia – A vida passada a limpo. (*E nada de inventa-línguas!*)

Hariolomancia – Arte de se dar bem em questões de múltipla escolha. (Cf. *Rabdomancia*.)

Haroldo – Escritor, Tigre, Dono de Boteco.

Haste – Pau em textos orientalistas e haicais.

Haurir – *Pergunte ao pó de giz!*

Haver – Dizer que se trata de um verbo terrível para a aprendizagem dos estrangeiros.

Haxixe – Boa palavra para ditado, mas deve-se evitá-la. (Da *Posologia* baudelairiana.)

Hebdômada – É essencial para um planejamento semanal. (Ver *Hora-aula*.)

Hebefrenia – Moléstia dos de alta estirpe que tentam escrever como Bukowski.

Hecate – Rainha das bruxas, princesa da magia, descendente dos Titãs. É Ártemis-Diana (a Terra), Selena-Luna (o Céu) e Perséfone-Proserpina (Inferno). Tem três faces: no centro, de velha; à direita, de cavalo; e à esquerda, de cachorro. Usada como dispositivo disciplinar na Educação Infantil.

Hecatombe – O Vestibular, verdadeiro sacrifício do rebanho.

Hediondo – Do pesado léxico jurídico-escolar. Dizer do ato passível de punição na Escola.

Hedonista – Dizer de um professor querido pelos alunos. E dos alunos que só querem viver de recreios.

Hegel – Têm lá seus opositores.

Hegemonia – Do léxico revolucionário-escolar. É um conceito hegemônico.

Heidegger – Quando citado, dizer *dasein* e quase sorrir. (Isso basta.)

Hein – Seguida de ?

Heleno – Dizer dos poetas latinos. (Nunca dos filósofos gregos.)

Helicônia – Lepdópteros e Musáceas. (Da *Farmacologia* e do *Bestiário Escolar*.)

Heliolatria – Ação de cães e pesquisadores diurnos. (*Usar em substituição a chorumelas.*)

Hem – Outra vez, seguida de ?

Hematografia – Diz-se do texto escrito com o próprio sangue. (Cf. *Regra*.)

Hematopoiética – Emendar Nietzsche (com o dedo em riste) e quase sorrir.

Hemeralopia – Diz-se da visão dos biógrafos.

Hemilabial – Gíria arcaica meia-boca. Qualidade de alguns trabalhos escolares.

Hemorroidas – Produzidas por assento ou peso ou prisão de ventre ou franja.

Henry – Verdadeiro coringa em conversas com metidos a besta.

Herança – (*Se ele não gastou tudo.*) Há a genética, a cultural e a sócio-histórica. Na Escola trata-se de um inventário das dívidas herdadas.

Hereditário – A culpa sempre foi da família.

Heresia – Cada moda inventa suas heresias. (Professor de História, em saída de campo, levando sua turma para lanchar no McDonald's.)

Heresiarca – Aquele que não alimenta o *Morddes* e não atualiza o *Lattes*.

Hermenêutica – É profunda e bem-sucedida em função da semântica.

Hermetismo – É silencioso.

Herói – É o que não teve tempo de fugir. *Eu*, claro – e a professorinha que dá aula de graça, personagem de documentários, dissertações, teses.

Heteróclito – Boa para palavras cruzadas e redações.

Hiato – Uma fenda que virou defeito, falha, falta. – *E os ditongos?*

Hibernação – O letargo de alguns intelectuais.

Híbridos – (Cf. Brueghel, o Velho, e Bosch.) Os puros os odeiam.

Hidra – Tudo o que a gente não queria ter numa ressaca.

Hierarquia – No máximo, a dos anjos. No mínimo: – *Respeitem o professor!*

Hieróglifos – Para algumas letras, nem Champollion.

Hífen – Poucos sabem usar este tirete e os alunos não sabem escrevê-lo.

High-life – Anglicismo soberbete.

Hino – Todos sofrem de hipérbole e com aplausos. (*Saudosas Aulas de Moral e Cívica!*)

Hipocondria – Não se trata de temer cavalos, mas de querer atestados!

Hipocrisia – Foi impossível evitar.

Hipogeu – Cova, subterrâneo. (*Só vale na poesia, para rimar com Eu.*)

Hipopótamo – Inútil. Animal para ditado. (Ver *Rinoceronte*.)

Hipótese – Sempre o cara sabe qual é.

Hirco – Bode. (*Só vale na poesia, para rimar com circo.*)

Hirsuto – Cerdoso. (*Pode usar, mas na poesia vai rimar com surto.*)

Hirto – Duro. (*E basta de rimas!*)

Histeria – *A culpa é toda da Dora!* Estado coletivo de adolescentes ao vislumbrarem o novo professor de Educação Física.

História – Explica tudo ou não explica nada. Tem os melhores historiadores.

História (de vida) – Metodologia para descobrir o já sabido. Trata do pesadume do sentido. (Cf. *Herói*.)

Histrião – Hoje em dia e na contemporaneidade a questão da obesidade urge! (*Nossa!*)

Hoje – É o dia mais recorrente na semana. *Carpe diem* – e latinhas para vender.

Homem – (*Com H!* – correção pós-ditado.) Um truque bem-sucedido. Descrição: dependência, desejo de independência, necessidade. Condição: inconstância, tédio, inquietação. (Próximo aos *Pensamentos* de Pascal, 1670.)

Homúnculo – Filho do Sol e da Lua. Criado pelos alquimistas, com esperma e sangue, sem união sexual. (Integra a *Ofensalogia Humana*.)

Honestidade – Arcaísmo.

Honra – Nunca apanhou de um aluno. Foi um professor honrado. (Mas bateu em alguns.)

Hora – *Hora, hora,* dizia o H para a senhora. *Tá tudo pela hora da morte!* Horas mortas. Horas a fio. Horas vagas.

Hora-aula – No populacho: "vareia" (em duração e remuneração).

Horda – Bando, quadrilha, malta, multidão. (Cf. *Grupo*.)

Hordéolo – Por incrível que pareça, é terçol. (*Não negue silêncio à professora grávida!*)

Horizontal – Bom também. (*Na horizontal tudo é igual* – do caminhão de um baixinho.)

Horizontes – Um homem sem horizontes perde sua qualidade de homem. É sábio não perdê-los de vista.

Horóscopo – (Cf. *Zodíaco*.)

Horrendo – Trata-se do atraso de um feio. (Ou: *Em cima da hora, um feio correndo*.)

Horripilante – Tão horrível que causa arrepio capilar.

Horror – *Mas que horror!* (Gosto só dos filmes.)

Horta (Escolar) – (Alguém já viu alguma dar certo?) Faz parte, nos grandes centros, de todo *Manual de Ecopedagogia*.

Hospital – Todos têm a mesma cor e cheiro. (Cf. verbete *Alcatraz*.)

Hospitalidade – Interessante é a hospitalidade de Klossowki: Octave emprestar Roberte.

Hoste – O exército hostil dos chupa-hóstias.

Hostil – Provocante, adverso – ou burro mesmo.

Hostilidades – São como as ostras. (*Nada mais resta a fazer do que sentar-se à mesa.*)

Hotel – Alguns poetas, escritores (e professores universitários) vivem neles. São todos iguais – depois de certo tempo.

Hulha – É carvão de pedra. (*Mas seria um bom nome para uma cachorrinha ou um pirata.*)

Hum – *Sei não... Eu, hem!?*

Humanismo – Estabelece-se em prédios com mais de uma centena de anos. Há, ainda, as escolas neo-humanistas, que se estabelecem em prédios mais novos.

Humildade – O cristão é o seu profissional. Faz parte da retórica.

Humilhação – Quando se aceita representar o papel higiênico.

Humor – Exultar quando ocorre; chorar quando rareia. Também é líquido, viscoso. (Cf. *Ranho*.)

Humoroso – Os beijos que o professor recebe no inverno.

Humorístico – Espirituoso, faceto, satírico, malicioso.

Hunos – Aparecem quando a fila é desrespeitada. (*Ainda saquearão a sala dos professores.*)

Huri – Para os jovens, cada uma das dançarinas de *funk*.

i

Ida (à escola) – Com ramela ou cara limpa, passo lento ou largo, sem entusiasmo ou com entusiasmo, sempre que se vai se vai de algum modo.

Idade – *Que pergunta chata!* Ou se tem de menos ou demais, ou se está atrasado ou adiantado.

Ideal – Vontade de bocejar. (*Sempre que proferida para dar o tom do que deve ser feito na Educação.*)

Idealidade – Melhor do que a realidade.

Idealistas – *Não se sabe por que os professores são...*

Ideia (fixa) – *Você tem que ir à escola!*

Ideias (sensatas) – Zombar delas, ainda mais se forem para aparelhar a instituição escolar.

Idem – Econômico. (*Seria ótimo se essa economia fosse aceita na prova.*)

Idêntico – Nem existe. (*Ouve-se por aí que no conto popular fantástico existe a prova quase idêntica; o que difere nessa prova é só o nome de quem a assina.*)

Identidade – Igualdade, semelhança, analogia. (*Gruda.*)

Ideologia – Insistem, mas que está fora de moda, está. (*E a ideologia plástica, com botox?*)

Idílio – Aula ao ar livre onde ocorre uma composição poética das formigas e dos mosquitos com os alunos; por vezes pode ser sonora.

Idiólatra – São os primeiros a levantar a mão sem vergonha.

Idiota – Aquele que não nos admira.

Idolatria – Melhor idolatria que idolatrina.

Ignavo – Bicho pertencente à família das *Bradypodidae*. (*Alguns alunos e professores conferem ter o mesmo metabolismo.*)

Ignição – É só começar a prova que tudo aquece.

Ignóbil – Sujeito que se sente acima de qualquer suspeita, tudo deve ser feito a seu modo.

Ignomínia – Voltar à Escola, depois de um ano de evadido, e a primeira aula ser com aquele professor que o fez desistir.

Ignorância – Estado permanente de todas as criaturas. A Douta é a que algumas almejam.

Ignorante – Diz-se contra outrem quando se quer sentir inteligente. (Cf. *Inteligente.*)

Ignoto – Aluno que só aparece no final do semestre.

Igreja – Em alguns casos é outro nome para Escola.

Igual – Indivíduo absolutamente proporcional, tão absurdo que ao primeiro olhar já assusta.

Iguaria – As guloseimas dos intervalos.

Ilação – *Tudo indica que foram aqueles alunos ali!*

Ilegal – Tudo o que não foi autorizado pela direção é.

Ilegível – (Na maioria dos casos, sorte de quem tentou ler.)

Iletrado – Aquele que vai prestar exame e esquece as letras.

Ilha – O último a entregar a prova pode parecer-se com uma.

Ilharga – Quando o último a entregar a prova, desolado, sem nenhum comparsa a recorrer larga a mesma e se vai.

Ilibação – Fazer tudo de novo pra ver se no final, depois de refeito, passa de ano.

Iliberal – Não é antagônico a liberal, mas somítico. (*Entendido?*)

Iliçar – Colocar a propriedade privada em questão. (*Começa na Educação Infantil.*)

Ilimitado – É o número de vezes que pode aparecer um monstro para a Educação.

Ilíquido – É incrível, mas o caso continua ilíquido.

Ilógico – Este I quer dizer mesmo o que não é. (*Frase perfeita para começar aula de Filosofia.*)

Iludido – É o sujeito crítico da pedagogia crítica de uma educação soberana.

Iluminação – A literatura pode gerar alguma.

Iluminista – Filósofo com curso técnico de eletricidade. Também chamado Queluz, um monstro horripilante, mas inofensivo, que vive em agonia perpétua, dizendo eternamente suas últimas palavras: – *Quero luz, quero luz, quero luz.*

Ilusionista – Não é filósofo; é prestidigitador. (*Ou é a mesma coisa?*)

Ilusivo – Ilusivas esperanças são compostas na escola.

Ilusões – Construídas para serem desfeitas.

Ilustrado – Filósofo desenhado.

Ilustre – Filósofo lustrado.

Imã – Irmã que perdeu o r em dia de ditado.

Imaculado – O que não é maculado, *of course*.

Imagem – Muito falada, pouco cuidada.

Imaginação – (*Tem a ver com invaginação?*) Depreciá-la nos outros. Dar asas à nossa.

Imaginário – É a imaginação dentro do armário.

Imanente – Existe desde que o mundo é mundo e a vida é vida.

Imaterial – O que sofreu a fadiga do material.

Imaturo – Formar, produzir, educar, desenvolver a consciência crítica.

Imbecil – Cheio de imbecilidade, de imbecilismo. Aquele que não nos ama.

Imberbe – Sempre o pai é quem primeiro sorri ao filho imberbe.

Imemorial – Não é um memorial negado, é imemorado, imemorável.

Imensidade – O infinito é uma maior ainda.

Imergir – Definitivamente, não é a mesma coisa que emergir. (*Quanta confusão!*)

Imerso – Em cogitações contínuas temporariamente, até que acabe a aula.

Imitação – (*Desde que valha a pena!*)

Imoderadamente – Sem alguma coisa de algo.

Imodéstia – Fatuidade, filáucia.

Imolação – Dos inocentes.

Imoralidade – Palavra que valoriza aquele que a pronuncia com ênfase.

Imorredouro – (*Quem? O quê? Que medo, hem?*)

Imortais – Antes, no Olimpo. Agora, na Academia Brasileira de Letras. (*Mas, morrem!*)

Impacto – Um pacto que ficou por dentro.

Impagável – Dá-me riso.

Impalpável – Dá-me asas.

Imparcial – Dá-me parte.

Impartível – Dá-me divisão.

Impassível – Dá-me passe.

Impavidez – Dá-me avidez.

Impedir – Impelir, impender, impenetrar, impensar, imperar. (*É tudo isso que vocês estão achando que é.*)

Imperceptível – É, sem dúvida, uma boa cola.

Imperdoável – Ninguém perdoa. (*Ai, lá vamos nós de novo, mergulhar no imperecível, no imperfeito, no imperial, na imperícia,* *na impermanência, no impermeável, no imperscrutável, na impertinência, na impertubalidade, no impetigo.*)

Ímpeto – Elã avassalador que toma conta de cada novo(a) Secretário(a) de Educação ao assumir o cargo.

Impetrar – Ação jurídica comumente usada em Concursos Públicos.

Impoluto – Professor que não roda ninguém.

Impossível – Alguns alunos adjetivados: – *O Joãozinho é impossível!*

Impotente – Sensação mensal do docente ao conferir seu contracheque.

Impraticável – Palavra mais proferida em reuniões pedagógicas perante a novas ideias.

Imprescindível – A borracha para o lápis.

Impressão – A primeira impressão é a que fica. (*Se o cartucho estiver em boas condições.*)

Impressionante (!) – *Como, apesar de tudo, ele passou!*

Improficiência – O que não tem proficiência.

Impulsos – Começam em sala de aula e terminam no banheiro.

Incapacidade – Aquilo que diz respeito à capacidade de abstração do aluno. (Na visão do docente.)

Incertezas – Tenho inúmeras.

Inclusão – Modo contemporâneo de exterminar a diferença. Palavra em evidência.

Incompetência – Aquilo que diz respeito à didática do docente (na visão do aluno).

Inconsciente – Maquínico. Sempre.

Indignação – Perca tudo, menos a indignidade.

Indolência – Efeito das aulas no período da tarde do mês de novembro.

Indumentária – O mesmo que uniforme escolar.

Infância – (*Que grande mentira!*) Uma grande invenção.

Infanticídio – Evasão escolar.

Infantil – (*Tão infantil, coitadinho!*)

Infelicidade – Cada um tem aquela que merece.

Inferno – *O inferno são os outros.* (*Ai, Sartre, que chateação ter que passar toda a vida escutando só esta sua citação! Você deveria ter escrito "O inferno e o nada".*)

Infinito – Expressão poético-literária ou matemática.

Influência – Sempre parte dos outros.

Ingenuidade – Acreditar ainda que o Brasil é o país do futuro.

Ingratidão – Única maneira de evitar: não prestar nenhum favor.

Inimigos – Seja cuidadoso na escolha de seus inimigos. Termômetro que mede a popularidade do indivíduo.

Inocência – (*De quem mesmo, cara-pálida?*) Acreditar que o Brasil ainda possa ser o país do futuro.

Inovação – A convenção mais quadrada. Na Educação, o **Ensino a Distância** (Cf. *EAD*).

Insatisfação – *Conhecem algum professor satisfeito?*

Inspiração – Em tempos atuais, há que se ter muita(s).

Instrução – Não se precisa tê-la pra ganhar a vida.

Insurreição – O mais sagrado dos deveres.

Intelectual – É a copeira dos poderosos. O intelectual-profeta é um porre mal tomado. O colega mais chato da classe.

Inteligência – A neurologia atual mandou pras cucuias. Uma questão de Q.I.?

Inteligente – Quando se é muito ignorante se pensa ser inteligente. Indivíduo com Q.I. superior? (Cf. *Ignorante*.)

Intempestivo – Uma das maravilhas de Nietzsche.

Interessante – Às vezes o que se passa no pátio escolar é muito mais interessante do que o que está ocorrendo em sala de aula.

Internação – (Após a conclusão – de escrita e leitura também – deste *Dicionário*.)

Intonso – Da *Ars Erotica*.

Intricamento – *Conselho de Classe*.

Intriga – Não fazemos crítica literária. Intriga, sim. (Dos Antropófagos.)

Introvertido – Aluno que cola de si mesmo.

Intuição – Dom quase paranormal adotado por alunos em situação de risco em época de provas finais. (Cf. *Periclitante*.)

Inturgescer – *Hay que endurecer sin perder la ternura*. (Expressão dita por dez a cada dez professores.)

Inveja – Escorre pelas paredes dos departamentos da Universidade.

Invencionice – Pejorativo de criação.

Inventar – Quando se tem o que inventar, aprender se torna mais divertido.

Invulgar – Onde, onde, onde?

Ir – A reboque da vida, dos outros. Ir a todo pano. De mal a pior. Desta pra melhor. De vento em popa. Às favas. À merda. Na conversa. Na onda. Num pé e vir no outro. Para a cova. À puta que o pariu. Pro inferno. Pros quintos do inferno. Por partes, dizia o esquartejador. Pregar noutra freguesia. Deitar com as galinhas. Por água abaixo. Mais devagar. Não ir com tanta sede à fonte. Não ir com tanto ardor ao pote. Ir pentear macacos.

Ironia – Às vezes, não tem outro jeito. O sistema educacional brasileiro.

Irreparável – O mal que se faz a alguns alunos nos anos iniciais.

j

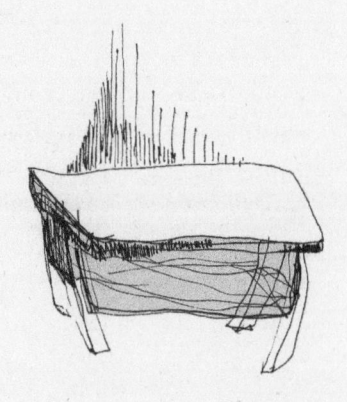

Já – É já. Já! Já deu o que tinha que dar. Já não está aqui quem falou. Já cheira mal. Já está feito. Já disse. Já não morro hoje. Já estou com a mão na massa. Já, já: parece duas vezes mais rápido, mas é ledo engano (atente para a maravilha deste Lugar-Comum).

Jabá – Carne seca no rango do turno.

Jabarandaia – Chefe de bando. (Ficou mais claro?)

Jaca – *Porque é preciso meter o pé em algum lugar, não é não?*

Jaça – Horroroso nome para defeito.

Jacaré – *Sabia que significa palerma, ô jacaré?*

Já-começa – Comichão. (*Tem nome melhor do que esse?*)

Jactância – Diz tudo dele.

Jaleco – Usado pelos médicos e professores, em vez de colete.

Jamais – Aconselhável espichar no fim, com chiado carioca (se conseguir): – *Isssss*.

Janeiros – *Quantos janeiros você cumpriu?* (Perguntar também: quantos fevereiros, marços, abris...?)

Janela – Os olhos d'alma. Bater na sua. Abrir a sua. Ver a paisagem. Deixar entrar a vida. Quadro arrebatador. Galáctica. Jogar o bebê fora com a água do banho. Entrar pela janela. Defenestrar-se. Já, nela! Fazer janela. (*Ora, sabe-se o que faz uma janeleira, não?*)

Jantar – *Chamem-me de perdedor ou de vencedor, mas não deixem de me chamar para o jantar.* (Receita para manter a linha: tomar o café da manhã como um rei; almoçar como um príncipe; e jantar como um plebeu.)

Japão – Aula de Geografia: – *Fica do outro lado do mundo. Se cavarmos um buraco de ponta a ponta da Terra, sairemos lá.*

Japeri – O índio Peri, com ejaculação precoce, conclamado por Ceci.

Japonês – Aluno antissolitário.

Jararaca – Aluna geniosa.

Jardim (de infância) – Desde 1873, lugar onde crianças-plantinhas são regadas por professor-jardineiro. (Há também o do Inferno, situado numa ravina dos Pireneus.)

Jargão – (Já percebeu que este *Dicionário* está minado deles?)

Javali – (Com mel é do Obelix.)

Jazida – Achar uma é ótimo; mas não conseguir pronunciar a palavra é péssimo.

Jazigo – *Como é repousar num jazigo?* – *Não faço a mínima ideia.*

Jeitinho – Brasileiro. (*Poderia ser de outro país?*)

Jeito – Pego de jeito no peito e dou um aperto. (Esta inventei agora. *Sorry*, periferia.)

Jejuador – Artista da fome. (Não precisa dizer que é de Kafka.)

Jesuítas – Atualmente, donos de escolas.

Jinguba – Amendoim. (*Incrível, não? E você pensou que era aparentado com jujuba.*)

Joana (D'Arc) – *Viu, minha filha, no que dá servir bravamente a um país?*

João – *Por que ele nunca tem um braço?*

Joça – *Ele é um verdadeiro joça.* (Pronto, ficamos na mesma; mas sabemos que é da *Ofensalogia Escolar*.)

Joelhos – Joio, joreia, jouvido, jumbigo. (Partes do corpo, na língua do J.)

Jogar – Na defesa. No ataque. Às escondidas. Fora. Certo. Limpo. Uma cartada. (Mostre jogo.) Feliz no jogo, infeliz no amor. Pá de cal. Quando se perde é vício, quando se ganha é sorte.

Jogos (educativos) – Interessantes quando começam as apostas e viram de azar.

Joias – Eternidade que abala: aprendemos que a vida termina quando as usamos. – *Ela é uma joia!*

Joio – (*Quem já viu alguém que conseguiu separá-lo do trigo?*)

Jóquei (Clube) – (*Chiiii, só se for pra catar bolinha.*)

Jornada (de trabalho/escolar) – Um jornal de nada.

Jornal – Serve para aquecer o sapato; forrar a sala em dia de chuva; tapar buraco na janela; começar o fogo do churrasco; embrulhar vidro quebrado... E nos embrulhar.

Jornal (Nacional) – Feito para pensar em 15 frações de milionésimos de segundos.

Jornalista – Aquele que fala (mal) do jornalismo.

Jovem – (*Pior é o jovem desde sempre senil.*)

Juba – Gandufa, gadelha grande, desgrenhada (de preferência suja).

Judas – *A Judas o que é de Judas, a Cristo o que é de Cristo.* (Ou eram outros sujeitos?)

Jugo – Podem acreditar: dá torcicolo.

Jugular – Jugulou-se, danou-se.

Juiz – A cada um, o réu merecido; mas com autos parados.

Juízo – O Final é um sucesso duradouro de público e de crítica. – *Tenha juízo, menina!* Tem gente com vários no fundo da boca. Deus dá o juízo e a pinga tira. (Para-choque.)

Jumentice – Mamífero burro, ora. (Usado na *Ofensalogia*.)

Junção – Não é extrema-unção; é outra coisa.

Junta – A com artrose mais dolorida é militar.

Juntar – Os trapinhos. O útil ao agradável. A fome com a vontade de comer. O cré com o mé. O má com o lá. (E assim por diante. É só inventar.)

Junto – A distância mostra como é bom vivermos juntos. (Para-choque.)

Jura – É muita responsabilidade. De pés juntos. Por minha salvação. Por minha mãe. (*Não está cruzando os dedos nas costas, está?*)

Júri – Cair fora desse vespeiro.

Jurisprudência – *Declarado inocente o filho do traficante de drogas que, em legítima defesa da honra, embora levemente embriagado, bombardeou o orfanato e tocou fogo no asilo de idosos.*

Juros – Muitos jurando ao mesmo tempo, de modo elevado.

Jurupari (-Kibaba) – O pente ou piolho do Diabo, em tupi. (*A abrangência cultural deste Dicionário é verdadeiramente impressionante!*)

Juruparioba – Já este é a roupa do Dito-Cujo.

Jus – É o *jet set* que faz.

Justiça – Tardando ou não, com as próprias mãos ou com outras, tanto faz: nada enxerga.

Justiça (infernal) – Como o Senado brasileiro, tem ministro vitalício.

Justificativa – A melhor: – *Ordens são ordens.*

Justo – O sutiã: oprime os grandes, levanta os caídos, disfarça os pequenos. (Para-choque.)

Juventude – Teve-se algum dia; espanta-se de não tê-la mais.

k

Kafka – Nascemos para tornar Kafka nossa realidade.

Kant – Da madeira reta de Kant nunca se poderá fazer nada de torto.

Ketchup – Na hora da merenda, em tubos ou em pequenos sachês.

King (-Kong) – O aluno ideal – forte, peludo, amoroso, poderoso. Olhos verdosos. Morre no final, por amor à mocinha.

l

Lá – *Eu gostaria de ir lá fora um instante, se puder. Lá, onde o Diabo perdeu as botas.* Qualquer lugar que não a sala de aula em dezembro.

Lábil – Aparentemente, só a morte lhe escapa.

Lábios – Morrer como o fez Julieta, pelo veneno dos lábios de quem se ama. Os da professora de Espanhol. (Cf. *Fetiche*.)

Labirintite – Um perigo apenas para aqueles que saem do chão.

Labirinto – Sempre entrar nele com um novelo de lã, para marcar o caminho de volta.

Labor – O seu suor é o melhor de você. (Lei maior do Mundo Livre.)

Laboratório (social) – *Quem foi Dewey?* Conotação de algumas escolas.

Lacaio – Funcionário usado como mão de obra pelo sindicato durante os movimentos grevistas.

Lacaniano (Professor) – Figura hipotética. Seu limite diário seria o Ponto de Basta.

Laconismo – Impossível. (Para este *Dicionário*.)

Laços – De ternura. (Irresistivelmente piegas.)

Lacuna – _____ Colombo, descobridor da América. Defasagem na aprendizagem (queixa comum dos professores para com alunos oriundos de outra escola).

Ladainha – O blábláblá de sempre (pais, professores, pedagogos e psicólogos). *Quero estudar/para ser doutor/com muito carinho/com muito amor* (em discos do Mukeka).

Ladeira (abaixo) – Daqui pra frente, é ladeira abaixo. Cursos de pós-graduação com avaliação inferior a três pelo MEC.

Ladrão – O tipo mais sórdido é o Robin Hood às avessas. Depois de Ali Babá, Deleuze.

Ladrar – Os cães ladram, a caravana ouve, dá de ombros e passa.

Lagartos – Espalhados pelo pátio, ao sul do céu e do sol.

Lágrimas – Quando bem utilizadas, podem até mesmo garantir uma boa revisão na nota. Por que as de crocodilo levam a pecha de falsas?

Laia – Aquilo que é exposto nos Pareceres Descritivos, Currículos e Boletins.

Lama – Atoleiro e sobrenome de monge budista.

Lambe-lambe – *Olha o passarinho!*

Lamento (institucional) – Sentimento verbalizado aos pais pela instituição, quando do chamamento da família à Escola: – *Lamentamos ter de chamá-los até aqui durante seu horário de trabalho, mas realmente o caso é muito grave.*

Lamento (parental) – Sentimento verbalizado à instituição pelos pais, quando do chamamento da família à Escola: – *Lamentamos muito o ocorrido, e pedimos desculpas pelo Paulinho. Iremos conversar com ele e podemos garantir que essas atitudes não irão se repetir.*

Lampejos – Durante o ano letivo, um lampejo só não (salva da recuperação) faz um bom verão.

LAN House – Território onde a Tirania Escolar demonstra de forma clara sua onipresença, quando horas que deveriam ser gastas no Orkut ou no MSN são preenchidas com pesquisas e realização de tarefas.

Lança-perfume – *Não, obrigado, estou me guardando para quando o carnaval chegar.*

Lancheira – Há quem consiga esquecer o cheiro da sua?

Lápis – Os mais legais vêm com tabuadas.

Lar (desestruturado) – Inútil mandar lições de casa. Édipo mal resolvido do sistema educacional.

Latas – Material pedagógico em forma de sucata. Salas de aula. (Cf. *Contêineres*.)

Latente – Por nunca ser dito, acredita-se que é um conteúdo sempre mais interessante que o manifesto. O que temos de melhor.

Latido – Os latidos da consciência.

Latrina – Tem o cheiro de quem a utiliza.

Lattes (Plataforma) – Poucos são os que têm coragem de inserir foto em seu currículo. Poucos o atualizam.

Lauda – As quatro paredes da escrita.

Lavagem – Dá-se aos porcos, jamais aos alunos.

Lavar – Sujar a roupa, mas lavar a alma. As mãos com álcool gel.

Lavor – Exercícios de caligrafia.

Lavoura (Escolar) – Local onde são cultivados futuros cidadãos.

Lázaro – Aluno morto que ressuscita no último mês e garante a aprovação, fazendo com que os professores, o psicólogo, o psiquiatra e o psicopedagogo disputem o papel de Cristo.

Lazer – Em entrevistas de ingresso e seleção, costuma-se perguntar aos pais o que o filho faz nos momentos de lazer. Trata-se de um dado para categorização e seleção. (Cf. *Taxonomia*.)

Lealdade – Pegajosa.

Leão – Aluno com dificuldades de aprendizagem, mas bastante esforçado. Aluno negro com cabelo *Black Power*.

Lecionar – Proferir palavras de ordem.

Ledo – Suspeitar de quem leva a vida com um sorriso no rosto.

Legado – *O que oferecemos, adorável leitor, é apenas um punhado de ideias feitas.*

Legião – *Eu sou Legião.*

Legível – L.E.G.Í.V.E.L.

Lego – Uma grande armação.

Lei – Da selva, do menor esforço ou de Diretrizes e Bases. Para ser descumprida, sempre.

Leigo – Forte candidato a receber indicação de aulas particulares.

Leitor – Pessoa desocupada. O deste *Dicionário*.

Leitura – Castigo comumente imposto a alunos dos Ensinos Fundamental e Médio.

Lema – Só uma troca e vira lama. Escrever. Sempre.
Lembrar – Bom é lembrar adiantado no tempo.
Lembrete – Forma erudita da cola.
Lengalenga – Evitar que se torne sinônimo de aula.
Lenha – Não é Joana d'Arc, mas também acaba na fogueira.
Lento – O aluno que atrapalha o ritmo da aula. O professor que não vence o programa da disciplina.
Ler – Com risos involuntários e arrepios políticos, é melhor.
Lerdo – O aluno que sempre deixa questões em branco.
Leste – Coordenada geográfica onde toda manhã reacende-se a chama da esperança.
Letras – *Bê com A é Bá.*
Letramento – O mundo feito texto.
Levado – Aluno travesso, levado para fora da sala de aula.
Levantar (bibliografia) – Exercício que alivia a culpa de quem não consegue escrever.
Levar – Um xingamento se leva, um elogio se recebe. (Da *Tirania Escolar*.)
Leve – Como uma pluma. (*Favor não espirrar*.) Sensação de dever cumprido. (Cf. *Bar*.)
Léxico – Zona ilimitada de deleite verborrágico.
Liberação – Sair mais cedo da aula para ir ao velório da tia ou ao dentista. (*Sempre com bilhete assinado pelos pais e quase nunca por uma causa verdadeiramente interessante*.)
Liberalismo – Acusação feita ao professor com pulso fraco.
Liberdade (provisória) – Férias.
Libidinoso – Aquele que tem libido pra dar e vender. Aluno colecionador de *Playboy*.
LIBRAS – Linguagem utilizada pelo aluno tagarela, que fala pelos cotovelos.
Licantropia – Freud a temia.
Lição – Sempre moral. Saudades quando esta era só a de casa.
Licenciatura – Grau universitário que permite o recebimento da alcunha de Tia.

Líder (de Turma) – As professoras torcem pelo aluno mais aplicado, mas quem acaba eleito é sempre o mais popular.

Liliputiano – A cabeça de certos educadores.

Limbo – (Até o limbo tiraram das crianças.)

Limite – Quando se ultrapassam os limites, são três os destinos possíveis: a sala do Diretor, o Serviço de Orientação Educacional ou então o Olho da Rua. Palavra que necessita de limites para ser utilizada.

Limítrofes (notas) – Azuis, boas e acima da média; vermelhas, ruins e abaixo da média.

Língua – Dar com a língua nos dentes é o mais cru dos chicotes.
– *Mim não falar sua língua.*

Língua (presa) – *Leonagdo Oliveiga. (Pog apguesentar tgaços de ogalidade no texto, igá seg encaminhado paga tgatamento fonoaudiológico.)*

Linguagem (do rebanho) – Ordeira, necessária e útil.

Linguarudo – Aluno fofoqueiro que delata os colegas para a professora e apanha deles na saída.

Linha – Lastro (linear) cotidiano.

Linha (de fuga) – Faz a Educação encontrar uma saída. (*Sabe-se lá para onde.*)

Linóleo – Suspeitar quando ele puder ser considerado o seu amigo mais próximo.

Lista (de materiais escolares) – Carnaval nas livrarias.

Literatura – Sem, a vida seria vianda.

Livre – *Livre pensar é só pensar.* (Colhida em Millôr.)

Livre-arbítrio – É preciso uma boa dose de megalomania para acreditar em tal ilusão.

Livro – Como Henry Miller, tudo que pedimos da vida é um punhado de livros. *O livro faz o sentido, o sentido faz a vida.* (Colhida em Barthes.)

Lixão – Nunca perder de vista que até nele nasce flor.

Lixo – O de uns é o tesouro de outros.

Lobby – Puxa-saquismo remunerado.

Lobo – O mais honesto é o lobo em pele de lobo.

Lobotomia (leucotomia) – *Se num caso ou outro for sugerida, acredite, haverá quem a defenda.*

Lógica – A Lógica é uma respeitável senhora gordinha, migrando da meia para a terceira idade, amiga da senhora Proposição, amante do senhor Juízo, mãe de Conceito, Silogismo e Termo, que são filhos do senhor Raciocínio, seu marido.

Lolita – Fetiche de dez a cada dez pedófilos.

Longevidade – Em geral, mera falta de *timing*.

Lopes (Camilla) – Pergunte ao pó.

Lorde – Aluno educado que, mais cedo ou mais tarde, irá preconceituosamente ser chamado de gay.

Loucura – *Essa loucura roubada que não desejo a ninguém a não ser a mim mesmo, amém.* (Das lições de um velho safado.)

Lousa – Onde fica o *Punctum* do quadro-negro?

Lua – O mundo da lua é sempre mais interessante que o da sala de aula.

Lucro – Maior com mensalidades maiores. Que o digam as ditas instituições filantrópicas.

Ludovico (Tratamento) – Manter o paciente com os olhos abertos (utilizar pinças) e envolto por uma camisa de força. Administrar então injeções de náusea e transmitir cenas de violência (garantir que não seja possível ao paciente desviar o olhar).

Lugar-Comum – Dos males, o menor.

Lutar – De preferência, contra moinhos de vento.

Luvas – Usá-las para esbofetear alguém com classe. O ruim é ter que tirá-las na hora de escrever.

Luxo – Escola com a missão de educar crianças e jovens para a excelência humana, voltando-se para a construção de uma sociedade que promova a justiça e a paz, valorizando aspectos como a autonomia, a solidariedade e a responsabilidade. Enfim, um luxo.

Luzes (da Educação) – O último a sair que as apague.

m

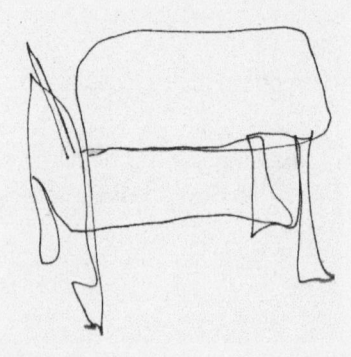

Maçã – A fruta preferida de todo professor. (Cf. *Bajular*.)

Maçante(s) – Aulas expositivas.

Macarronada – Almoço de domingo na casa da *nona*.

Macondo – *Quem, na infância, não criou a sua?*

Macunaíma(s) – *Ai que preguiça!* (Aos montes em nossas escolas.)

Madrasta – Hoje, tem mais madrastas do que mães.

Mãe – *Manhêêêê!!!* Se fossem duas, ninguém aguentava. Ser, é padecer no paraíso.

Magia – O que falta na maioria das aulas.

Mágico – Professor que consegue equilibrar seus afazeres profissionais com sua vida pessoal.

Magistério – Bela carreira para um jovem. Eriçada de dificuldades. Ofício de vaga significação, mas superior ao de catequista. Seu seguidor é indivíduo de gênio. Profissão tão solitária quanto a praia localizada no litoral sul.

Magistral – Desempenho perfeito do magistério ou do magistrado. (*Já, magistralidade vira presunção.*)

Magro – O salário do professorado. (Cf. *Piada*.)

Mais – Não sendo do mesmo...

Mal (de Bartleby) – Alunos que passam a aula toda a olhar pela janela, sem produzir nada.

Mal-agradecido – Para o mal-dado.

Mal-aventurado – *Não deu certo*. O aluno que é pego colando. (Cf. *Frito*.)

Malcheiroso – Adolescente depois da Educação Física. (*Faça-me o favor!*)

Malcriadez – O mesmo que má-criação.

Maldade – A maldade animal tem limite. Descobrir que poucos ainda se preocupam com você.

Malditos (escritos) – *Ecce Homo. Sexus. Ovelhas Negras. Mil Platôs.*

Maledicência – Um mal que sabe o que diz.

Mal-educado – (*Não pode ser mal-aprendido?*)

Mal-encarado – Olhou de lado.

Mal-ensinado – (Cf. *Mal-educado*.)

Mal-entendido – (*Não pode ser mal-explicado?*)

Mal-estar – Então, sai.

Malfeito – (*Ô língua mais cheia de mal esta portuguesa!*)

Males – *Minima de malis*. Têm os que vêm para o bem, mas há aqueles que vêm para o pior. (Como este *Dicionário*.)

Maluco (-beleza) – Este *Dicionário*: maligno, mal-limpo, malogrado, mal-olhado, malquerente, malsão, malsoante, maltrapilho, maltratado, maludo, malvado, malversador, malvisto, mamado, mambembe, mameluco, manchado, manco, mancomunado, mandado, mandingado, mandraqueiro, mandrião, manducável, mané.

Mamonas Assassinas – *Seio mau* (Melanie Klein). Algumas professoras.

Mamute – Professor obeso, peludo e fora de moda.

Mandamentos – Use-os com moderação.

Manequim – Expressão que designa o corpo de algumas colegas.

Manhãs – As piores são as de inverno.

Manso – Como um cordeiro. (Ideal de aluno.)

Mantenedoras – Sempre há uma por trás das instituições privadas de ensino.

Manter – A rédea curta. A distância.

Mantra(s) – Há que se entoar muitos, ao final do ano letivo.

Manual – Compêndio leve, maneiro, portátil. (Este *Dicionário*.)

Máquina (de guerra) – A Escola? (Cf. *Aparelho*.)

Mar – Por ele navega a *nau* da Educação.

Marcação (cerrada) – Do guardinha da Escola.

Marcar – Passo. Pontos. Bobeira. Touca.

Margens – São primeiras. Sem elas, nada de centro. (Idem para marginais.)

Marinheiro (de primeira viagem) – Estagiário.

Mártir – Codinome de alguns professores.

Mascar (chiclete) – Ação expressamente proibida em sala de aula.

Massa – Cinzenta.

Massificação – Corpos dóceis.

Matadouro (de infância) – Pode escolher: Família, Escola, Mídia.

Matemática – A grande vilã da Escola. Provoca a explosão de paixões irrefreáveis como a poliúria e o onanismo.

Matéria – De escrita. Disciplina.

Material – Todo início de ano letivo leva os pais à loucura. (Cf. *Lista*.)

Maternal – Dizem que toda mulher é. (*Sei não!*) Má terna.

Matraca – *Fecha!*

Maturidade – Eufemismo para o envelhecimento.

Matusalém – Professor em atividade mais antigo da Universidade.

Mau humor – Pode ser fome.

Mausoléu – Alguns Projetos Político-Pedagógicos.

Máximas – *Não há sentenças, máximas, aforismos, de que não se possa escrever o contrário* (Paul Leautaud).

Medicina – De médico e de louco, todo mundo tá de saco cheio.

Medíocre – Dizer senso comum com ênfase, tipo *Seleções* do *Reader's Digest*. Era tão, mas tão medíocre, que nem no espelho conseguia ser o foco da sua própria atenção. *O homem de bem exige tudo de si próprio, o homem medíocre espera tudo dos outros* (Confúcio).

Medo – Em tempos narcisistas e de extrema exposição, o do ostracismo é o pior deles.

Meia-boca (À) – Trabalho mediano de Ciências.

Meia-elástica – Acessório imprescindível para professoras: combate a proliferação de varizes.

Meia-noite – A Diretora da Escola pergunta à professora que reclama da falta de tempo: – *Mas, o que fazes da meia-noite às 6 da manhã?*

Melancolia – *Há sempre uma correnteza sob a superfície calma* (Renato Russo).

Memória – *Esqueci!*

Memorial – Apreciávamos mais os antigos questionários.

Menineiro – *É um homem feito mas tem aspecto menineiro* (Manoel de Barros).

Menor – Legalmente: toda pessoa com menos de 18 anos. Civilmente: toda pessoa incapaz de exercer pessoalmente os atos da vida civil. Moralmente: infrator; delinquente; pivete; antípoda demonizado da criança; sujeitinho incômodo; problema de higiene social; sujeito social desordenado, mas que apesar disso, tem direitos (*sic*); suas iniciais habitam páginas de jornais: *J. S., menor, mata criança*.

Mensalidade – Geralmente em atraso.

Mentira – Piedosa. (*Foi só de mentirinha!*) Reuniões pedagógicas.

Mentiroso(s) – Todos nós. *Na boca do mentiroso, o certo se faz duvidoso*.

Menudos – Na década de 80, os *Beatles* juvenis do Terceiro Mundo. (Dos colaboradores deste *Dicionário*, quem, na infância, nunca cantou ou dançou uma de suas músicas?) *Não se reprima! Não se reprima!*

Mercadoria (de luxo) – Tratamento dispensado pela Direção a alunos de algumas Escola$ Privada$. (*Quantas sacanagens em teu nome!*)

Mercenária – Ama de leite.

Merthiolate (C9H9HgNaO2S) – Antisséptico em desuso. (*A tia da enfermaria sempre tinha um frasco à mão em caso de ferimentos pós-recreio. Ai, como ardia! Mas curava.*)

Mesa(s) – Às vezes, falta(m).

Mesada – Hoje, eletrônica.

Mesmo – O que se repete. (*Argh!*)

Mestiço – O pensamento. (Pleiteador de vagas.)

Mestra – A necessidade.

Mestrado – Como enlouquecer ao cabo de dois anos.

Mestre – Título adquirido ao cabo de dois anos, com ou sem tratamento psiquiátrico.

Metamorfose – Gregor Samsa.

Método – Não serve para nada. Sua natureza é não funcionar.

Mico (Pagar) – Dar vexame.

Microcosmo – O umbigo.

Mictório – Figueira localizada no pátio da Escola.

Mídia – Se acha "A" opinião pública. (*E se a gente não lhe desse bola?*)

Milagre – Santo de casa não faz. (*Que o digam os filhos de professoras, geralmente, os mais mal-educados.*) Ação realizada por alguns alunos em dezembro.

Millôr (Fernandes) – *É jornalista sem fins lucrativos.* (Do próprio.)

Milonga – Melancolia cifrada.

Mimo – Blandícia gostosa. (*A mimologia deveria ser ensinada na Escola.*)

Mina – Era fonte, manancial, preciosidade, negócio vantajoso. (Virou moça, no fim do século XX.)

Ministrar – Ministro dando aula.

Minotauro – É preciso (o professor) matar vários ao longo do labirinto educacional.

Mirabolante – Toda ideia que se preze.

Mirinda – Marca póstuma de refrigerante. No recreio, fazia um dueto perfeito com pastel.

Missão – (*Tem professor ainda nesse registro.*)

Mistério – Melhor sem ninguém para decifrar.

Misticismo – Alguns alunos apelam pra ele a fim de salvar o ano.

Mitologias – Sagas contadas pelos alunos.

Moby Dick – Prova em branco entregue pelo aluno.

Mocaccino – Ótima bebida quente para os dias gélidos.

Mochila – Inimiga principal dos ortopedistas. (Cf. *Peso.*)

Mocidade – *Esses moços, pobre moços... (Lupicínio Rodrigues, te amamos!)*

Moda – *Toda moda é criada para ficar fora de moda* (Coco Chanel). (*Pena que a idiotice não entre na moda, porque daí passaria.*)

Modelo – *Siga o modelo. (Platão nos legou esse traste.)*

Moicano – Corte de cabelo preferido por 8 entre 10 guris em idade escolar.

Molecular – *Haicais* revolucionários.

Moléstia – Tal qual virose (ninguém sabe explicar). Rende alguns dias de atestado em casa.

Momices – (Este *Dicionário* está farto.)

Monge (Paciência de) – É preciso exercitá-la diariamente.

Moral – Pode ser medida. (*No colégio das freiras, elas mandavam a gente ajoelhar e, com régua, mediam o comprimento da saia.*)

Moralista – Aquele que não se diverte. O anacoreta da vida.

Morrer – De amor. *O pior não é morrer. É não poder espantar as moscas* (Millôr). (*Sendo inevitável, que seja pela arte.*)

Mortadela – Biografema de infância: massinha doce com mortadela e margarina Primor, acompanhada de uma Coca-Cola de garrafinha, tomada no bico.

Morte – É certa. Tudo nivela. Só não há remédio para ela.

Mortífera – Paixão adolescente.

Mostarda – Vai muito bem com ketchup.

Mostrador – O pesquisador.

Motivo – *Por motivo de força maior.*

Mudança – Trocar os alunos de lugar em sala de aula. Espelho de classe.

Mulher – *As feias que me desculpem, mas beleza é fundamental* (Vinicius de Morais).

Múmias – *Saldos da eternidade.* (Mais uma do Millôr.)

Mundo – *O que vai mal não é o mundo, é o nosso jeito de viver* (Henry Miller). *Era uma vez um mundo que seguiu adiante, apesar dos imundos humanos.*

n

Na – Berlinda. Na verdade. Na boa. Na calada da noite. Na cara. Na crista da onda. Na manga do colete. Na flor da idade. Na hora H. Na linha. Na maior. Na mão. Na hora certa. Na certa. Na lata. Na marra. Na moita. Na mesma moeda. Na mesma. Na trave. Na moral. Na merda. Na puta que o pariu. Na bunda. Na real. Na cara dura. Na medida do possível.

Na (capa da gaita) – Por volta de final de novembro, início de dezembro.

Nabo – É para os sem-graças; para os mesmos que comem chuchu.

Nabuco – *Foi no mato caçar borboleta, encontrou uma velha com a mão na buuu... Co foi no mato caçar borboleta, encontrou uma velha com a mão na buuu...* (Segue durante toda a viagem.)

Nação – (*Era necessário promover um espírito patriótico!*)

Nacional – Time uruguaio, de Montevidéu.

Naco – Me dá um naco do teu cachorro-quente? Alternativa para "me dá uma mordida"? (Com a vantagem da não ambiguidade.)

Nada – Filosoficamente, tudo.

Nadar – Contra a corrente. Como um peixe.

Nadinha – Mesmo. É quando o não tem nada se mostra ineficiente. O mesmo que "nadica de nada".

Naftalina – Ingrediente usado, polemicamente, em trotes aos bixos.

Nagasaki – (*Ora, a bomba precisava ser testada em algum lugar!*)

Naipe – *Não sou do teu naipe!* (Ou: ouro, bastos, espada e copas.)

Namorada – *Virgem?*

Namorado – *Precisa ser mais alto, mais velho e mais rico!*
Namorante – *Transa paralela. (E fixa.)*
Namorido – Eufemismo para: – *Estou sendo enrolada.*
Namoro – Ou amizade? (Programa do SBT do início da década de 90.)
Nan – Leite alternativo para mães desalmadas.
Nanar – Diz-se quando a criança já está enchendo o saco. (Ou: saiba mais sobre o gesto que o jogador Bebeto fez na copa de 94.)
Nanico – Diz-se do menor da turma.
Não – Adianta chorar sobre leite derramado. (*Não deixe de ouvir a música "Bota pra fuder", da banda Camisa de Vênus.*)
Narcisismo – Excesso de amor para dar e poucos dispostos a recebê-lo.
Narcisista – Os outros são.
Narguilé – (*Coisa de maconheiro!*)
Nariz – Serve de referência para indicar o tamanho do pênis.
Nasa – NASA: instituição responsável pela criação e execução da fraude do século XX. (Acesse http://www.afraudedoseculo.com.br/)
Nascer – Saudável é o que importa.
Nascimento – Milton. (Ou: quatro meses de Licença Maternidade.)
Nata – Gema, grupo seleto, aristocracia. (Ou: deixa o pão mais saboroso.)
Natal – Família. (*Querendo ou não!*)
Natalino – O cara que nasceu no dia 25 de dezembro. (Óbvio!)
Natimorto – É quando o feto saca, de primeira, algo que a maioria não saca jamais.
Natural – De Caxambu, Minas Gerais. (Ou: o Caos.)
Natureza – Árvore de tronco marrom e folhas verdes; nuvens em azul claro; por fim, um sol, em amarelo, sorrindo. (*Tudo isso colorido com Faber Castell.*)
Nau – (*Anal o quê?*)
Naufragar – É o fracasso que não tem volta.
Náusea – *Estás grávida?*
Navio – *Titanic!*

Nazismo – Seguidores do Nasi, vocalista da banda Ira.

Neandertal – Ser grosseiro e pouco inteligente. Ou: sujeito de meia face projetada para frente, sem queixo e de testa quase ausente.

Necedade – (Este *Dicionário*.)

Necessidade – De ir ao banheiro. (*Uma vez a cada período!*)

Necrofilia – É que o cadáver nunca se opõe.

Necromancia – A morte, de fato, diz respeito ao futuro.

Nefasto – *Salve, salve, Marquês de Sade!*

Negação – Crítica.

Negar – Até o fim. Negar até a morte. Ou: saiba mais sobre o leão, em *Assim Falou Zaratustra*.

Negócio – Numa transação econômica: – *Vamos fazer negócio?* Ou: – *Mas você fez um negócio da China!* Na aula de Educação Física: – *Ele encostou o negócio dele em mim.* Em casa: – *Pega aquele negócio que tá em cima da mesa e traz aqui.* Numa discussão: – *Pega esse negócio e enfia no teu...*

Negrinho – E pastelzinho.

Nem – Este nem aquele. Nem a pau. Nem pensar. Nem por cima do meu cadáver. Nem que a vaca tussa.

Nemo – (*Não se fazem mais desenhos como antigamente!*)

Neosaldina – Mais eficiente do que o chazinho.

Nepotismo – Fome a família não passa mais. (Pesquise notícias jornalísticas envolvendo as Prefeituras.)

Nervos – De aço. (É o que se diz do bife do R.U.)

Nervoso – Diz-se daquele professor.

Nescau – *Energia que dá gosto.*

Nestlé – *São Luiz é Nestlé.*

Neves – Nome da avó do Seu Madruga.

Newton – (*Ora, e o movimento lá tem lei!*)

Nietzsche – *É literatura!* – *É interessante, mas não é filosofia.* – *Um oráculo.* Ou: – *O filósofo do bigodão.*

Niilismo – Horrível para os fracos, redentor para os fortes.

Niilista – Das duas uma: é alguém extremamente triste, com fortes tendências suicidas; ou é um entusiasta, com fortes tendências artísticas. Em algum momento, todos nós nos mostramos niilistas. Nenhum problema, desde que tudo volte a fazer sentido numa noite chuvosa, ou estrelada.

Nilo – Perdeu o posto para o Amazonas.

Ninguém – É melhor do que ninguém. Ninguém é igual a ninguém. Ninguém se mova! (*Nobody move!*)

Ninho – De Páscoa. (*Prefiro: fazer o ninho atrás da orelha = ludibriar.*)

Ninja – Aquele que sempre resolve os problemas com a maior naturalidade (e sem fazer barulho). Não é, necessariamente, aquele todo de preto, mascarado. No sentido de ninja a que nos referimos: o Macgyver é o maior de todos.

Nirvana – Comumente, define-se como um estado de beatitude. Porém, não é da ordem do estado, mas do instante. (Além disso, não deixe de ouvir *Smells Like Teen Spirit*.)

Nissin (miojo) – Base alimentar dos escolares e dos universitários brasileiros. (Destaque: *pronto em três minutos!*)

Nitidez – Só dura um instante.

Nítido – *É porque não estás olhando bem.*

Nível – De paciência. De consumo. Ele é de outro. Eu tenho. (*Status*.)

Niver – O mesmo que "aniversário", na agenda das meninas.

Nó – Do Diabo. (Ou: saiba mais sobre os escoteiros mirins.)

No – Mundo da lua. (O mesmo que "viajando na maionese".)

Noção – *Tu não tens noção!* (É quando o simples uso dessa frase supera a própria descrição do fato a ser superdimensionado.) Para entender a diferença entre uma noção e um conceito, confira *Roland Barthes por Roland Barthes* (BARTHES, 2003).

Noite – Ideal para práticas satânicas e etílicas.

Noiva – Uma em cada três alunas de Pedagogia.

Noivado – Estratégia usada para acalmar pais antiquados.

Nojento – Em sala da aula: odores misteriosos.

Nômade – Aquele que viaja sem sair do lugar. (Antônimo de turista.)

Nome – *É preciso dar nome aos bois.*

Nonsense – *Graças ao Diabo!*

Normal – Um gênio que terminou a análise.

Normalidade – Estado ilusório. (Sinônimo de *Aborrecimento* e de *Apatia*.)

Nostalgia – Comum em encontros etílicos, envolvendo velhos amigos.

Nota – O paradigma escolar. Durante os anos escolares, tudo gira em torno dela. É ela, por exemplo, que permite ou não a ida a uma festa; é ela, também, que define se a relação entre pai e filho será honesta ou mentirosa.

Nota (de rodapé) – Um jeito de provar aos leitores que sabemos muito mais sobre o que estamos escrevendo. (Não é o caso deste *Dicionário*.)

Notável – Um gênio, uma bunda grande ou uma dupla sertaneja (universitária).

Notícia – Jornalística: enfatizar o óbvio.

Noticiário – Hora de ficar em silêncio.

Nova – A colega que acaba de entrar em nossas vidas.

Nova Iorque – Lembra filmes do Woody Allen. (Mas também *Esqueceram de mim 2*.)

Novela – *Começa a nova na semana que vem*. – *Sexta é o último capítulo*. – *Quem matou Odete Roitman?*

Novo – Nascimento: é o objetivo do masoquista. Ou: – *Fulano tá de tênis novo!*

Nu – Com a mão no bolso.

Nublado – Dia hesitante. Dia suspenso. Um dilema. Por vezes, acaba cancelando a gincana.

Nuca – Algumas dão sequência ao coro cabeludo.

Nuclear – Tem a ver com bomba (e guerra), com usina (e acidente). Lembra filmes assistidos na Escola (em manhãs sonolentas). Saiba mais sobre Hiroshima, Nagasaki e Chernobil.

Nudez – O natural que virou violência.

Número – De um a dez. Número da sorte. Número do azar. Número do veado.

Nunca – Diga nunca. – *O homem NUNCA pisou na lua*.

Nutricionista – A moça bonita de avental branco. – *Mas ela já é noiva!*

O

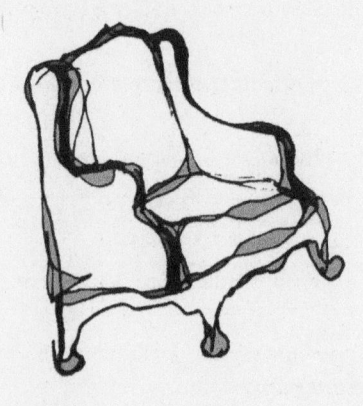

Obedecer – Sofrer, agonizar, definhar e, então, morrer.

Objetar – Não sofrer, não agonizar, não definhar, não morrer.

Objetivo – Diz-se daquele que é contrário ao pensar e ao agir diferentes. Sujeito cinza.

Objeto – As coisas inertes a que ofertamos alguma vida ao pensar nelas com vagar. Potências infinitesimais.

Oblíquo – Diz-se daquele que é adicto do pensar e do agir diferentes. Sujeito furta-cor.

Obrigação – As coisas que somos forçados a fazer quando nos faltam argumentos convincentes o bastante para recusá-las.

Obrigado – O que dizemos ao outro depois de ter feito tais coisas. Às vezes, não, contudo. Aí então é gratidão.

Obscenidade – Acusação recorrente dos espíritos livres. Extemporaneidade.

Obscurantismo – As pessoas continuam a rezar em sala de aula. Deus continua um *hit* pedagógico: temático e metodológico.

Obséquio – Por ele, antes as pessoas faziam coisas gratuitamente umas às outras. Hoje foi substituído pelo favor.

Observação – O que os alunos fazem quando o professor vai à lousa. Protuberâncias corporais e vestimentas de gosto duvidoso são os alvos prediletos.

Observância – O que somos forçados a fazer quando somos impedidos de criar.

Obsessão – Aquela mosca insistente que ronda a cabeça das pessoas, inclusive quando dormem. Coisa de psicanalista, de padre e de juiz – os trigêmeos.

Obsoletos – Eles hoje, com certeza. Nós amanhã, pouco provavelmente. Decerto.

Obstáculo – A pedra no meio do caminho. Mas pode ser a flor no asfalto. Pode-se, no entanto, viver perfeitamente com ele; copular com ele, se der vontade.

Obstinação – Mirem-se no exemplo das pulgas e dos ácaros. Tudo rigorosamente gratuito.

Obtenção – Ato de subtrair do mundo o que supomos termos tido o direito inalienável de merecer desde sempre. Diplomas, por exemplo.

Obviedade – *Batata!*, dizia Nelson Rodrigues.

Ocasião – Faz o professor ladrão, o coordenador traficante, o supervisor gigolô, o diretor estelionatário, o secretário ator pornô. Só não o psicanalista, nem o padre ou o juiz: entidade trifauce.

Ocaso – O que não está descrito numa apostila, esses gibis com pretensão à enciclopédia.

Ocidente – Não o umbigo da civilização, mas seu rabo. Onde as coisas se põem.

Ociosidade – A razão única das inscrições nas cavernas e nas carteiras. É preciso dar alguma prova de existência.

Ocorrência – A versão positivista, de ponta-cabeça, para acontecimento. Este é mais.

Óculos – o incrível mundo das coisas pequeninas. O olhar deve estar sempre nu, porém.

Oculto – Substância inflamável e insalubre. Seu manejo é deveras arriscado. Melhor não.

Ocupado – Situação das coisas quando outros as atingem primeiro; lerdos que somos.

Ódio – Quem o tem não esquece, não dorme, não deixa passar. Melhor não.

Odisseia – Ninguém é Ulisses, nem Penélope. Somos Cristiano, Ester, Fábio, Gabriel, Karen, Luciano, Marcos, Máximo, Mayra, Sandra, Julio, etc. E não há Ítaca aonde regressar.

Odores – O fundão da sala de aula os produz aos borbotões. E das mais variadas fragrâncias. Atavismos.

Ofensa – O que a maioria dos professores sente ao pisarem na sala de aula. Pena.

Oferta – *Se você se comportar melhor, prometo não te deixar de recuperação.*

Off (-line) – Um só dia fora do ar, e pronto. Mas o mundo pode ser outro, outros.

Oficial – Predicado de uma resolução oriunda de alguma autoridade para prejudicar alguém.

Oficina – A do diabo decerto é mais animada e mais inventiva do que as extracurriculares.

Ofício – Aquilo sem o que a vida que nos oferecem teria menos sentido ainda. Melhor se for inventado.

Ofídio – Condição indiscutível das criaturas boazinhas. Aplica-se a professores e alunos.

Oh! – *Esses alunos. Não aguento mais.* Recorrer ao disque-psicanalista, disque-padre ou ao disque-juiz. A cada um, a escolha que mereça.

Ojeriza – Tudo que não deixa as coisas crescerem em paz. Exércitos parapedagógicos sanguinários.

Olfato – O que deturpa o olhar por um instante. O artista em nós.

Olhar – O que deturpa o olfato por tempo indeterminado. O cientista em nós.

Oligarquia – Sistema de governo educacional típico dos contextos democráticos, operado por uma rede intrincada de funcionários comissionados nas Secretarias de Educação.

Olimpíadas – As de Matemática existem apenas para ensinar as criancinhas a serem bons contadores no futuro próximo.

Ombudsman – O sujeito que se imagina síndico, mas que não é levado a sério por ninguém. Toda Escola tem um aspirante a tal de plantão.

Omissão – Anonimato a fórceps. Anatomia da vileza. O horror dos vivos.

Onipotente – A Psicologia da Educação.

Onipresente – A Sociologia da Educação.

Onisciente – A Filosofia da Educação.

Onividente – A História da Educação.

Onomatopeia – Os corpos dos alunos a produzem incessantemente. É seu maior talento.

Ontem – O que a data de validade decretou. Sem chance de retorno. Como os amores idos.

Ontológico – Uterino-viperino. Melhor não.

Ônus – O contrário do tônus. Quem tem um não tem o outro.

Opção – A maldição que acomete as coisas *a la carte*. Pratos do dia são menos onerosos para quem tem preguiça de participar sempre. Abaixo todos os cardápios!

Operação – algébrica, financeira, policial, militar, cesariana. Todas doloridas. A única que se salva é a tartaruga, da qual o pensamento livre é fã incondicional.

Operacional – Piaget achava que se tratava de uma etapa da cognição. Coitadinho. Não imaginava que o pensamento se move apenas por solavancos, o oposto da equilibração.

Opinião – Desconfiem daqueles que começam suas sentenças evocando a própria opinião. Bem, essa é minha opinião.

Oportunidade – Todos querem igualdade em relação a ela. Mas é coisa rara e fugaz.

Oportunista – O que a maioria é em algum momento da vida, mas tem vergonha de reconhecer. Afastamentos escolares de mentirinha, por exemplo.

Oposição – Todo mundo diz ser partidário dela, desde sempre. Sinônimo de vitimização.

Opressores – Menção honrosa que conquistamos quando queremos algo que os outros não querem; e, se não bastasse, ainda querem que não o queiramos.

Oprimidos – Menção depreciativa que se atribuem aqueles que não querem o que queremos, nem que queiramos o que queremos; e, se não bastasse, dizem sofrer com isso.

Optativas – Termo usado para designar coisas que, em geral, não comportam a possibilidade efetiva de não serem escolhidas. Caso contrário, seriam afinidades eletivas.

Ora – *Ora, ora. Onde o senhor estava? Por que não está na sala de aula? Posso saber?*

Oração – Deus continua um *must*: conceitual, procedimental e atitudinal. Transversal.

Oráculo – O que apenas os bons amigos são.

Oralidade – Assoviar é mais.

Ordem – cronológica, pública, religiosa, do dia. A única que ansiamos é a de pagamento.

Ordenado – O *hollerith* ou contracheque, três décadas antes.

Ordinários – Modo como as professoras de antigamente se referiam aos alunos mediante sua sem-vergonhice crônica. Eles continuam iguais, mas hoje elas seriam enquadradas no ECA.

Orelhas – Antes não se podia tê-las nos cadernos. *Pesquisar o vocábulo "caderno" no Google para a semana que vem.*

Organismo – Eu sem mim.

Organizadores – Antes eram, por ordem: lápis, borracha, apontador, compasso e transferidor. E um pouco de silêncio. Todos o sabiam: *quando um burro falava...*

Organograma – Imagem prototípica inspirada nas pirâmides egípcias, com o objetivo de ilustrar a cadeia alimentar de determinada linhagem administrativa. Os dos primeiros andares são os que mais sofrem.

Orgasmo – O golpe de misericórdia em quem peleja o dia todo. Um descanso.

Orgia – Prestemos atenção na agitação das coisas ao nosso redor. A natureza não a dispensa.

Orgulho – de nós mesmos, pode ser veneno; do outro, antídoto. Ou vice-versa. De qualquer modo, melhor não.

Orientação – Aquela criatura dócil e prestativa, que oferece conselhos psicopedagógicos, espirituais, de boas maneiras, de higiene etc. E para toda a família. *Opus* kafkiano.

Oriente – Apenas o que somos para os argentinos.

Orifícios – Cupins e traças não hesitam em fazê-los à profusão nos livros esquecidos das bibliotecas. Sabedoria animal, a robustez vem do estômago.

Origem – Ficção bíblica. Só a buscam os traídos pelo presente.

Originalidade – Só a buscam os amantes do presente.

Orquestra – E se, por alguma misteriosa razão, desaparecessem todos os maestros do mundo? A música prosseguiria? Sim ou não?

Ortografia – Rabiscar é mais. Garatujemos até o fim dos tempos.

Ortopedia – Social. Todo professor é signatário e entusiasta dela, salvo aqueles procurados pelas patrulhas dos Conselhos Escolares.

Oscilação – Sem ela, falta chão aos que criam; lunares que são.

Osso – quebrado, roído, moído, duro de roer, delícia dos caninos. O do ofício docente é o que adoece multidões. Tristezas.

Ostra – Devir-pérola. Bartleby aqui-agora.

Otimismo – Qualidade enfadonha que só os néscios se gabam de ter. Advém de enfermidades parasitárias terríveis, muito comuns no *habitat* pedagógico.

Ouro – Toda aula que reluz o é.

Ousadia – Irmã da coragem. Ninguém sabe, ninguém viu. Lenda escolar urbana.

Outono – Pode ser a estação mais cálida da vida. Enquanto o senhor lobo não vem, atira-se na reza, no bingo ou na vida. Cada um cava o destino que pode.

Outorga – Os cadernos de brochura, o uniforme surrado, a merenda minguada. Só.

Outrem – Minha salvação de mim, se fizerem por merecê-lo.

Outrora – Vocábulo empregado apenas por aqueles oriundos d'antanho; este também um termo dos tempos remotos, sem controle. Deixa pra lá.

Ouvido – Tudo o que sabemos de melhor foi aprendido dele. Nosso guia na noite do pensamento.

Ouvinte – Condição daquele que nada tem a declarar. Não mais – ou não ainda.

Ovelha – O mais terrível estado de rebaixamento a que se pode chegar na existência.

Ovos – mexidos ou estalados, cozidos ou nevados. Babados, virados, pisados, no plural pessoal. Mas no frigir deles, é a galinha que importa, já que ela veio antes. Fim da polêmica milenar!

Oxalá – a vida nas escolas seja: copiosa, perdulária, hiperbólica, bombástica, espalhafatosa, estrambótica, nababesca, pantagruélica. Cazúzica.

Oxigênio – O que uma educação avessa a ideias feitas quer produzir a todo custo, sem licença, nem perdão.

p

Pra (começar) – Antes de *p* e *b*, só o *m* que se vê. (*O que o b e o m estão fazendo aqui?*)

(P)³ = Plano Político-Pedagógico: – *Para quando o Pensar Parar.*

Paciência – Virtude do professor testada, diariamente, pelos alunos. *Enquanto todo mundo espera a cura do mal e a loucura finge que isso tudo é normal, eu finjo ter paciência* (Lenine).

Paciente(s) – Característica do bom aluno, segundo os professores. (*Que o digam os do Sistema Único de Saúde.*)

Pacote – O educacional pode acarretar mais danos que o econômico.

Pais – Sem eles o que seria dos terapeutas?

Paixões – Em dias de emo, as melhores são as tristes. (*Que o diga Spinoza.*)

Palavra – Instrumento pedagógico.

Palhaçada – Mais do que as crianças, os políticos adoram fazer.

Palmada – O que dá na palma são os dedos.

Palmatória – Instrumento pedagógico abandonado.

Pandemônio – Duas ou mais oitavas séries juntas. (*Em tese.*)

Pandemia – Duas ou mais oitavas séries juntas. (*Em execução.*)

Pão – *O pão nosso de cada dia; por favor, ao menos ele, não deixeis faltar em nosso Refeitório Escolar.*

Pará – *Paralelas que se cruzam em Belém do Pará.* (Conexão cultural Norte-Sul.)

Paranoia – Drogas na Escola. (*As ilícitas potencializam essa sensação.*)

Partidos – A diferença entre eles é a letra que vem depois do P. Balcão de negociações.

Passageiro – Professor substituto. (Cf. *Tapa-buraco.*)

Passar – Para muitos alunos é mais importante do que saber.

Passivo – Diz-se do professor que faz vistas grossas às colas dos alunos.

Pastor – Adora pregar para uma plateia, tal qual o professor.

Patife – Os mais famosos circulam, livremente, em Brasília.

Pátio – Se a Escola não tivesse um, os alunos não a suportariam.

Patrulha – Ninguém aguenta, muito menos a ideológica.

Pecado – Como diria Anatole France: *O cristianismo valorizou tanto o amor que dele fez um pecado.* Ou Renato Russo: *É provocar desejo e depois renunciar.*

Peçonhenta – Fala-se da professora má.

Pedagogo – Sujeito cuja conta bancária é inversamente proporcional ao seu idealismo.

Pedigree – Fala-se do aluno acima da média.

Pegada – Denominação daquela que passou pelo pegador.

Pegadinha – É o que acontece entre os alunos nos corredores escolares.

Pegador – Espécie de velocista sexual.

Pegajoso – Aluno bajulador em véspera de avaliação.

Peito – *Atualmente, é para quem pode... adquirir.* (Cf. *Despeitada.*)

Pelado – Lado do P.

Pelúcia – P adjetivado.

Pensamento – Dependendo do tipo, pode virar uma prisão; que, dependendo da espécie, pode feder tal qual a de ventre.

Perdido – Aluno novo no primeiro dia de aula.

Perfeito – Uma segunda-feira sem aula.

Perfil – Serve para enquadrar.

Perfilado – Uma redundância.

Perguntar – É mais valioso do que responder.

Periclitante – Situação escolar do aluno com muitas recuperações.

Periféricos – Diz-se daqueles alunos que sentam nas margens da sala de aula, encostados na parede.

Período – Na Escola, há os que causam mais incômodos que o menstrual.

Períodos – Os vagos são sempre os melhores.

Pernas – As de algumas professoras são sempre mais belas do que as de outras.

Peso – Trate de não carregar. (*Dependendo daquilo que se carrega na mochila, pode ocasionar sérios problemas de coluna.*)

Peteca – O melhor que se tem a fazer é não deixá-la cair.

PI – Sempre 3,1416...

Piada – É o contracheque de muitos professores.

Pichação – Se fosse arte, estaria nas paredes das salas.

Pilha (AAA) – Alunos Alcalinamente Ativos.

Pilhado – Aluno ligado na tomada.

Pimenta – Nos olhos dos outros é colírio. (*Se bem que colírio neste Dicionário tem outro significado.*) (Cf. *Colírio.*)

Pindaíba – O mesmo que estar numa pior.

Piolho – Na Escola o que existe é pediculose.

Pior – Do que três, são cinco recuperações.

Pista – É o que todo aluno gosta de ganhar na hora da prova.

Plágio – (Alguém sai da Escola sem colar?)

Planejar – O plano conjugado.

Plano – Não necessariamente precisa ser chato. É próprio do plano que ele falhe.

Platônico – Amor do menininho dos anos iniciais por sua professora. (*Não só dos anos iniciais, diga-se de passagem.*)

Playboy – Revista de iniciação sexual masculina. (*Bem mais interessante do que livros de Química.*) Raramente será encontrada nos bancos escolares.

Pó – Se for de giz, pode acionar rinite; se for de Mojave, paixões.

Pobreza – É boa apenas para teorizar. (A pior é a do espírito.)

Poço – Quando o aluno o atinge, o melhor é recorrer a Caio Fernando Abreu: *E depois: no fundo do poço do poço do poço do poço você vai descobrir quê.*

Poder – É a causa de muitos delírios.

Poesia – Só em aulas de Literatura.

Poeta – Tem a cabeça nas nuvens e a mão na folha de papel.

Polainas – Acessório retrô, atualmente indispensável no vestuário das adolescentes.

Polêmica – Antes as cotas, agora o ENEM.

Poliglotas – Alunos e alunas que fazem de seus beijos sua melhor comunicação.

Polivalente – Professor que se desdobra em dois ou mais a fim de preencher as fissuras institucionais. (*Via de regra são substitutos.*)

Pormenor – Não desdenhe, pode causar o maior estrago.

Porta – (Assim os alunos se sentem ao irem mal nas avaliações.)

Portal – Sem o atravessar, o aluno não sai da Escola.

Portaria – Dirija-se à.

Possibilidades – Em tempos de crise, há que se ter muitas.

Posso? – Do aluno: ir ao banheiro.

Posto – 1º) Professor Efetivo. 2º) Professor Substituto.

Póstumo – Aluno já rodado que ainda insiste em frequentar as aulas.

Postura – Todo o aluno deve ter, apesar de seus professores.

Potências – Jamais deixarão de ser.

Praia – Em dezembro, por ela suspiram professores e alunos.

Prática – Tudo o que não é Teoria.

Preliminares – Geralmente começam nos banheiros da Escola e terminam na sala da Direção.

Pré-histórico – Mimeógrafo.

Prejudicial – Conhecimento mal digerido.

(Pre)ocupação – Pensar na Prova de Matemática (que está por vir) e esquecer da Prova de História (que está sendo).

Preto – Outrora apenas um sinônimo da cor negra da lousa; hoje, um definidor epidérmico de cotas universitárias.

Princípios – Sem eles, nada chega ao fim.

Prisão de ventre – Manifestação gastrointestinal para quando o conhecimento tranca.

Privada – Lugar propício a alívios imediatos.

Problema – Sempre é o x da questão. (*Não nos pergunte qual é a questão.*)

Processo – *Modus operandi* escolar.

Procurador – Age tal um médico.

Professor – Para-choque social.

Profeta – Professor tomado por delírios de grandeza.

Profissão – É preciso já se pensar em alguma, logo após o término do Ensino Médio.

Prognóstico (para alunos em idade escolar) – Se não é TDAH, é *bullying*.

Progresso – O Brasil é um exemplo de que ele pode existir sem ordem. Hora cívica.

Proibido – Palavra de uso frequente de parte da Direção da Escola.

Proletariado – Todo aluno que não teve uma boa base escolar.

Promessa – Base de campanha de muitos alunos: – *No ano que vem prometo estudar bem mais.*

Proparoxítona – É uma proparoxítona.

Prova – Não é a gripe A (H1N1), mas, por vezes, pode causar diarreia, vômito e dores no corpo.

Provocação – Característica dos sujeitos ativos.

Provocador – Sujeito sádico.

Pseudo – Primo do Simulacro.

Psicodiagnóstico – No fim das contas, a culpa é sempre da mãe.

Psicólogo – Depois de Nietzsche, muitas foram (e ainda são) as tentativas.

Psicótico – Norman Bates, de Hitchcock, o inigualável! (*E os professores ainda reclamam dos alunos hiperativos.*)

Público – O que é de todos não é de ninguém.

Pugilista – Aluno que luta o ano todo para não beijar a lona ou, melhor, o piso, no final do ano letivo.

Pulga – Sempre há uma atrás da orelha. (*Não seria piolho?*)

Pulsão – Se for de vida, Eros; se for de morte, Thánatos. No meio escolar, Eros: aluno hiperativo; Thánatos: aluno emo.

Pulso – *O pulso ainda pulsa.* (Alvo preferido dos adolescentes em tentativas de suicídio.) Aquilo que o aluno quer e não quer encontrar no professor.

Purgante – Efeito de algumas reuniões pedagógicas.

Purgatório – Zona indefinida. Limbo. Faixa territorial ocupada pelo aluno que aguarda a decisão final do Conselho de Classe sobre sua aprovação ou reprovação.

Puxa-puxa – Guloseima de ótima aceitação em festas juninas.

Puxar (-se) – É o que muitos alunos fazem nas vésperas de provas.

Puzzle – O sistema educacional. (*Quem pretende montá-lo?*)

q

Q.G. – Nas gincanas, o melhor lugar para tomar chimarrão e fumar cigarros e assemelhados. Sede do Grêmio Estudantil.

Q.I. – Pré-requisito para qualquer vaga ou seleção.

Quá (-quá-quá) – Histeria coletiva em reunião pedagógica muito chata (vide quase todas).

Quadra – As aulas de Matemática e Física deveriam ser realizadas nela.

Quadrado – *Ado/ado... Cada um no seu quadrado.* Departamentos escolares.

Quadratura (do círculo) – Tirando a professora de Matemática, morreremos todos sem descobrir o que seja.

Quadrigêmeos – Fato que vende revistas populares e alimenta conversas paralelas em reuniões. (*Pobre mãe!*)

Quadrilha – Era composta por quatro, agora aumentou.

Quadrilíngue – Espécime rara, em extinção. Hoje se fala português e olha lá.

Quadrinhos – Todos menos os educativos! (Ver *Gibi*.) Os de super-heróis eram os melhores.

Quadro – Elogio coletivo que serve somente ao Diretor ou representante do grupo: – *O nosso quadro de professores é muito qualificado.*

Quadro (da dor) – Torcer para que não seja comigo. *Ele é o quadro da dor.* Uma turma repleta de hiperativos.

Quadro (-negro) – Geralmente verde quartel. Daqui um tempo se tornará obsoleto.

Quadrúpede – Se o objetivo é ofender, melhor utilizar *burro*, *besta* ou *asno*.

Qual (?) – Pergunta muito direta.

Qualidade – Sempre se tem alguma, basta procurar direito.

Qualificação – Inglês, computação, digitação, datilografia, telemarketing, recreação, especialização, mestrado, doutorado, pós-doutorado.

Qualificado – O escolhido. Passou por cursos de capacitação.

Qualitativo (método) – As Ciências Humanas e Sociais adoram. (Cf. *Quantitativo*.)

Qualquer – O que todo mundo é.

Quando – *Não lembro, faz tanto tempo...*

Quantia – Normalmente a pagar e de trabalhos a corrigir.

Quântico – (É chique dizer.)

Quantidade – De testes a corrigir, de alunos reprovados, de erros cometidos, de colesterol no sangue.

Quantitativo (método) – Tudo que as Ciências Humanas e Sociais detestam. (Cf. *Qualitativo*.)

Quanto (?) – Pergunta constrangedora. Não é de bom tom que se pergunte a um professor o valor do seu salário.

Quão – Autopunitivo: – *Quão idiota eu fui!*

Quarenta – A época do exame de próstata. Número tradicional para uma turma de alunos.

Quarentão – Professor alto, grisalho, sedutor, bem alinhado e inteligente.

Quarentona – Professora baixinha e gordinha.

Quaresma – Alguma coisa ligada à religião; melhor se fosse feriado. (*Não rende um feriado?*)

Quarta (-feira) – Já dá para pensar no final de semana. Metade da semana escolar.

Quarteirão – É coisa grande ou sanduíche do McDonalds.

Quartel – Origem de muitas posturas pedagógicas.

Quarteto – De *jazz*. Se for Fantástico, refere-se aos quatro alunos que sentam no fundo da sala de aula.

Quartinho – Recanto de sacanagem privada onde habita o aluno reprimido com espinhas.

Quarto – O pior lugar para estudar e o melhor para dormir (não necessariamente nesta ordem).

Quarto (e sala) – Todo mundo já passou ou vai passar por isso.

Quase – No final das contas, a vida é mesmo feita disso.

Quatorze – Bom lugar para se estar numa lista de chamada. Longe do primeiro e distante do último. Ter o dobro de sorte (partindo-se do pressuposto de que o número sete é cabalístico.)

Quatro – Número insosso. Ser o quarto lugar na classificação não significa quase nada. Nem pódium pega. Melhor ser o último, pois deste se diz que será o primeiro.

Quebra (-cabeça) – Sempre falta uma peça. Na era do *MSN* é coisa para lá de tediosa. (*Será que as crianças de hoje em dia ainda sabem que bicho é esse*?)

Quebra (-costela) – Abraço dotado de intensidade motora e aparentemente sem intenções maliciosas.

Quebra (-galho) – Prerrequisito em quadro de funcionários. Hoje em dia tem gente que se especializa nisso. Diz-se que *é melhor um quebra-galho na mão do que dois especialistas voando*.

Quebra (-molas) – Bem melhor e mais justo que o radar eletrônico.

Quebra (-pau) – As reuniões ficam bem mais interessantes com um.

Quebrar – A questão é saber se com ou sem culpa.

Queda (vertiginosa) – De cabelos é terrível e entope o ralo do banheiro. Despencar do conceito de A para o D.

Queimada – Sempre vem acompanhada de um silêncio sepulcral; crítica mais que direta. A queimada numa reunião complica bem mais a vida de alguém do que uma floresta em chamas.

Queimado – Quando se está, melhor mudar de departamento. (*Fulano está queimado com o grupo*).

Queima-roupa (À) – Locução inimiga do comodismo. Quando se é pego a queima-roupa recomenda-se jogo de cintura. Ser atingido de frente pelo olhar da menininha ruiva da escola.

Queixar-se – Ação tipicamente pedagógica.

Queixas – No colégio, muitas.

Queixinho – Sempre o do meu amorzinho.

Queixudos – O professor de Religião e o de História costumam ser.

Queixume – Coletivo de professores.

Quem (?) – É mais indicado nunca perguntar porque sempre pode ser você.

Quenga – Diz-se da professora que sobe muito rápido na vida.

Queniano – Aquele que sempre vence a São Silvestre algumas horas antes de enchermos o bucho no Réveillon. Aluno alto, magro e negro, praticante de atletismo na escola.

Quentão – Dioniso em festa junina colegial.

Quente – Sala de aula em dezembro.

Quentinha – Somente o gari, o pedreiro e o vigia da escola sabem o valor de uma.

Quentura – Quando sobe, melhor sair da frente! Dias insuportavelmente quentes.

Quer (?) – *Não, muito obrigado.* Se estiveres com um chocolate ou guloseima interessante durante a reunião, recomenda-se não perguntar. Desde a pré-escola nos ensinam esta palavrinha mágica.

Querê (-querê) – É um peixe.

Querela – (Cf. *Queixa*.)

Querência – Oito anos frequentando o mesmo colégio.

Querer – É poder. (*Triste ilusão.*) Quando a criança quer é um problema.

Queridão – É o querido bem mais querido e de atitude aparentemente inofensiva. Aluno muito feio, mas muito, muito mesmo, benquisto pela turma toda.

Querido – Sempre é bom ser, ou parecer. Aluno feio, mas muito benquisto pela turma toda.

Querosene – Colega de profissão que só aparece quando queima o outro. Aluno incendiário.

Querubim – *Sempre meu...* Em certas provas, nem mesmo ele salva.

Quesito – Posicionamento subjetivo travestido de isenção. (*Ele é melhor no quesito tal.*)

Questão – Diante de uma, a primeira coisa a ser feita é perguntar se ela é digna de ser respondida (Gilles Deleuze).

Questionador – Uma aluno xarope.

Questionar – Nos anos 60 era condição; nos 70 era moda; nos 80 era raridade; nos 90 era *cool*; hoje é inútil.

Questionário – Serve somente para aula de Metodologia da Pesquisa. Quem, daqui deste *Dicionário*, já, em época de escola, não teve o seu?

Questionável – Tudo, para os foucaultianos.

Quiasmo – Não é uma doença, não adianta perguntar para o professor de Biologia.

Quibe – Parente árabe do croquete (não costuma aparecer na cantina da escola ou no R.U.).

Quiçá – Dúvida chique. Palavra que causa um bom efeito em redações.

Quicar – O barulho da bola quicando no pátio incomoda o professor de Português. Quase todo guri fica hipnotizado por este som, especialmente se está em aula de Português.

Quiche – Parente francês da empadinha (não costuma aparecer na cantina da escola ou no R.U.).

Quieto – *F-I-C-A Q-U-I-E-T-O!*

Quietude – Sonho ou pesadelo, dependendo da perspectiva.

Quilate – Distinção nobre. *Aquela professora é de um quilate.*

Quilo – Coisa impossível para quem vive sozinho e vai fazer compras no supermercado. Em geral unidade de alimentação estudantil.

Quilombola – As ONGs e os professores de antropologia adoram.

Quilométrica – Fila de matrícula. Antiga caneta esferográfica, que, segundo seu slogan, durava muito mais do que as concorrentes.

Química (aula de) – No Laboratório é bem melhor (quando tem). *Eu odeio Química!* (Renato Russo.)

Químico – Menos louco que o físico.

Químico-físico – *Interna!*

Quimono – É o que os alunos de judô da periferia não têm.

Quina – Da Loto. Posição estratégica adotada pelos alunos que sentam no fundo, nos cantos, da sala de aula.

Quindim – Doce bonito mas polêmico. Sempre perde para o brigadeiro.

Quinhentos (anos) – Fizeram-nos acreditar que se trata da idade do nosso país.

Quintal – A origem do pátio.

Quinta (-feira) – Bem melhor que a *Quarta* (ver). Mais próximo do fim de semana.

Quintão – Quando não se pode ir para as praias de Florianópolis, vai-se para o litoral norte do Rio Grande do Sul. Nome de praia. (Cf. *Magistério.*)

Quinzena – O número máximo de dias que um funcionário público consegue alugar uma casa de praia. Férias escolares de inverno.

Quiosque – *Uma cervejinha gelada...* (*Melhor parar com essa história de praia.*) Pernas para o ar, praia, férias,...

Quitanda – Atividade mercantil que se desenrola antes, durante e depois das reuniões. Movimento acionado pelo clube de mães da escola.

Quitar – Quando da prestação da casa, *uma maravilha!* Com o salário de professor, quitar alguma coisa, só se for a dívida no mercadinho da esquina.

Quite – Acerto de contas vingativo. *Estamos quites, então...* Tal acerto geralmente ocorre para além dos portões da escola, na saída.

Quitute – Só os mais velhos levam. (Expressão *démodé*.) Merenda escolar preparada pela vovó.

Quixote (D.) – Todo mundo deveria ler; quase ninguém lerá. No plano da Educação, os moinhos seguem lá, impávidos e indestrutíveis.

Quórum – Aos sábados, sempre falta.

Quotidiano – Por que tem de ser duro?

Quotista – O aluno discriminado agora incluído.

Qwerty – Denominação do teclado, ou máquina de escrever, no qual as letras Q, W, E, R, T, Y são as primeiras, da esquerda para a direita. (*Deve ter alguma lógica.*)

r

Rabaça – Planta da família das Umbelíferas (*Sium nodiflorum*).

Rabacué – Raro, mas se diz do reles.

Rabdologia – Usá-la no ensino de Matemática.

Rabdomancia – Para questões de múltipla escolha. (Ver *Hariolomancia*.)

Rabiscos – As crianças os fazem muito bem!

Rabistel – As nádegas das crianças.

Rabo – Os demônios sempre têm rabos; os cães, nem sempre. (*Se está com ele preso, o melhor a fazer é não abaná-lo.*)

Rabo (-de-tatu) – Rebenque feito de couro trançado. (Já foi recurso didático.)

Rabudo – Rabdomante! Ganhador de rifas. (*Alguém já foi premiado com uma?*)

Rabugento – É ranheta que só. Professor de Alemão.

Raça – Greta no casco das bestas.

Raciocinar – *Faute de mieux*.

Raciocínio – Só funciona quando é repetido. (Quando não é repetido vira investigação.)

Racional – Tim Maia?

Racismo – Foram dividir em raças, deu nisso. (*Todo racista possui um amigo negro.*)

Radiário – O verme nosso de cada dia.

Radicais – Os que discordam absolutamente de nós. (Os livros causam rugas.)

Radicalismo – É a mais pura verdade. (É oito ou oitenta.)

Rafameia – A Escola Pública sai pra passear.

Raiputo – Variação de rajaputro.

Raiva – É abominável tê-la e admirável mantê-la.

Raiz – O mal deve ser cortado pela raiz! (A quadrada de dezesseis é quatro.)

Rala – Dizer do aluno que ganha bolsa de estudos: – *Ele rala*. (Também: a sopa.)

Ralar – O joelho na Escola.

Ralé – (Cf. verbete *Rafameia*.)

Rambles – Pelo desuso soa garboso. É reles.

Ramela – (Dos *Humores Escolares*.) Secreção amarelada ou esbranquiçada que se acumula nos pontos lacrimais e na borda das pálpebras dos alunos nas primeiras aulas do dia.

Ramerrão – Especialista. (Cf. *Especialistas*.)

Ranço – Já traz o bafio.

Rancora – Querela.

Ranho – (Dos *Humores*.) O mucoso das fossas nasais. Orientação pedagógica: não comer ranho. (Da ação de expelir ranho contra o caderno diz-se: – *Fazer um hamlet!*)

Rapidez – Com lerdeza não chegarás nem na segunda proposta.

Rapioca – As propostas de reajuste salarial do magistério.

Rapsódia – Composições que se apropriam do léxico funkeiro.

Rapsodomancia – Usada em questões de literatura.

Rara – Uma ideia. (Cf. *Real*.)

Rasa – Cabeças de alunos. E assembleias de professores.

Rasão – Em desuso. Medida de 20 litros.

Rascunho – A vida é um rascunho que não temos tempo de passar a limpo. (*Nossa!*)

Raso – É um raso idiota.

Rastaquera – Que está na crista da onda e sabe falar sobre tudo e qualquer coisa.

Rastaquerismo – Procedimento de rastaquera.

Rata – Josefina, sempre. (*As de Refeitório nunca!*)

Ratão – Índice etário. (*Não adianta tentar, teus alunos não conhecem a Caverna.*)

Ratear – A vaquinha soma, o rateio divide. (*Para não ratear em Matemática Noturna.*)

Rato – A ser ensinado em aulas de Espanhol.

Razão – Em desuso? (*Tens toda a razão*, diz o iluminista.)

Razoável – Seja razoável! (*Dizem isto para obter sua adesão.*)

Re – Prefixo fundador do pensamento da representação. (Com um ´ tudo fica mais claro: fica *Ré*.)

Reacionário – Inconfundível.

Real – Sempre é curto. (Cf. *Grana*.)

Realidade – É sempre hachura. (Cf. *Hachuras*.)

Realismo – Ulisses. (Para Leminski.) O resto é naturalismo. (Cf. *Habitat*.)

Reativa – Inconfundível.

Reba – Seleção dos menos hábeis. (Unidos para perder de goleada.)

Rebanhada – Encontros nacionais e internacionais de professores.

Rebanho – Da ordem das Políticas Nacionais de Educação.

Rebarba – Não é bigode. E ainda falta cabelo.

Rebeldia – Saúde que os pobres de espírito não têm.

Rebenque – Recurso pedagógico outrora eficaz.

Rebento – Rebento de rameira. (Da *Ofensalogia* pesada.)

Reboante – Os que perguntam: – *Como dar uma boa aula?*

Rebotalho – O refugo de uns – e aquela coisa toda, coisa de nada.

Recacau – (Ver verbete *Balbúrdia*.)

Recalcado – Acredita na repressão.

Recalcitrante – Acredita na repressão, mas não a aceita.

Recalmão – Entre aulas.

Recanto – As apresentações escolares.

Recapitulação – Capitulação feita novamente.

Recatado – Catado de novo. (*Moral Ecopedagógica*.)

Receio – Um medinho pequenininho.

Receitas – *A Pedagogia na Cozinha Maravilhosa de Ana José*. (Pedi-las, mas afirmar que não existem.)

Receituário – Arcabouço pedagógico outrora conhecido como "caixa de matriz". Publicações *Qualis A*. Qualidade do bom professor.

Recipiendário – Para os professores; os alunos, não?

Recipiente – Mais uma da *Lexicologia Culinária*: um troço de colocar trecos.

Reclamações – Máxima dos professores: – *Não se aceitam reclamações*.

Recognição – Pegar no tranco.

Recompensa – Que não a triste: *Ser alguém na vida*.

Reconhecer – Há de se reconhecer certo esforço!

Recortar – Conteúdo programático da Educação Infantil.

Recreativo – Jogar contra a Reba.

Recreio – Aquilo que une professores e alunos.

Recuperação – A vaca já mirando o brejo.

Rede – Trabalhar em. Escrever é tecer uma. (Faz bem às vértebras e mal à coluna.)

Rédea – Recomenda-se mantê-la curta. (Ver *Braço*.)

Redemoinhador – Da tipologia discente. Peste TDAH Anhanga Maleducado Tinhoso Burro Problemático Atentado Hediondo Fresco Aluno Problema Xarope Em Situação de Vulnerabilidade Social. (Cf. *Et Cetera*.)

Redemoinho – No seu centro tem um capeta ou um saci-pererê ou um redemoinhador.

Redito – *Pela última vez, prestem atenção!*

Redundante – Perguntas e respostas. Toda pressuposição didática calcada no diálogo.

Reescrever – *Ora, faça melhor!*
Refeitório – Quando atinge o Ensino Superior se transforma em R.U. (O *chef* é o mesmo.)
Referência – *Diga-me com quem andas e blablablá.*
Referente – É desde sempre uma invenção.
Reflexo (condicionado) – A Última Moda na *Pet Shop* e A Tradição na Escola.
Reflexões – Há quem se perca em reflexões. Depois, doem-lhe as costas.
Refluxo – Aquele que o tem redemoinha o berçário.
Reforço – *Nem que seja à força!*
Reforma – *Sem forma revolucionária não há arte revolucionária* (Maiakóvski).
Reformadores – Mudar de forma não resolve nada.
Refossete – O pátio de algumas escolas quando chove.
Refranzear – Em desuso. Fazer gracinhas.
Refrulho – Fofoca na sala de professores.
Refugo – *Tá certo a gente envelhecer, mas precisava virar refugo?* (Cf. *Resto*.)
Regalia(s) – Para poucos. (Somente os alunos comportados e de boas notas as têm.)
Regente – Há o Professor Regente. E o Estagiário.
Regime – *Para perder peso, corte as orelhas!*
Regra – Alguém sabe como terminou sendo sinônimo de mênstruo?
Regrar – Fazer coincidir as "combinações da turma" com as antigas "regras".
Regredir – *Não te ocorreu que pode ser uma sacada?*
Régua – Da lista de materiais escolares. (Não pode mais ser usada contra alunos.)
Regulamento – Para interno, recomenda-se chá de boldo.
Regurgitar – (Ver verbete *Resposta*.)
Reincidente – Caiu duas vezes no mesmo lugar! (Na escola é caso de suspensão.)

Reitores – Possuem belas lixeiras.

Reivindicação – (Fazer, fazem, mas não sabem escrever a palavra.)

Reivindicar – Sempre: melhores salários e melhores condições de trabalho.

Relações – Integra tanto a *Ars Erótica* como o *Kama Sutra* deste *Dicionário*. (Depende da posição.)

Relações (de poder) – Não é necessário saber. Usar sempre em textos da Pedagogia.

Relar – O professor xingou os alunos pelo empurra-empurra.

Relatório – *Mas que babaquice...* (Ver *Tradicional*.)

Relativismo – *Ora, depende!*

Relaxado – Estado pós-Q.G.

Reler – Diz-se que está relendo aquele texto que nunca se lerá.

Reles – *Todos vocês, mortais.* (*Eu? Não!*)

Relíquia – O uso correto da crase.

Relógio – Apelo pedagógico cronocarcinômico (Professor Beckett). – *Quanto ainda falta pra bater?*

Relva – Um capim dando lição de literatura. Em falta nas escolas. (Cf. *Grama*.)

Remanso – O remanso das besteiras.

Remédio – *Hoje ele não tomou o seu remédio.* (Constatação do Desespero Docente.)

Rememorar – Só com cabeça de bucho.

Remela – Ramela que mela novamente. (Humor comum às aulas de Literatura.)

Remoalho – Atividades de recuperação.

Remorso – Remordimento.

Remuneração – Por definição: pouca.

Rendimento (escolar) – Da *Lexicologia Culinária*: rende uma porção imensa de imbecis.

Repa – Cabelos ralos. (*Melhor que careca, não?*)

Repassar (a matéria) – Requentar a quentinha.

Repensar – Se não conseguiu uma vez, que dirá duas.

Repetente – Aquele que possui a qualidade de inventar novos erros.

Repetição – A mais exata: o máximo de diferença (Professor Deleuze).

Reposição – Se salarial, esqueça. (Se hormonal, veja *Reativa*.)

Repouso – Foi Newton quem disse que, além da estrela mais distante, pode haver um corpo em completo repouso. (*Só lá mesmo*.)

Representação – Autoridade.

Reprimir – Principal estado da queixa.

Reprovação – Uma provação sofrida duas vezes.

Reputação – Engraçado, era pra ser outra coisa.

Requifife – Se quer o trabalho dos alunos bem feito, faça-o você mesmo.

Resgatar – A autoestima. A qualidade do ensino. A dignidade docente. A cultura popular. O aluno em situação de vulnerabilidade social. Os valores. Os náufragos.

Resistência – É primeira.

Resmungar – É melhor aquietar-se que resmungar. (Cf. *Hermetismo*.) Ato verbal do aluno ao ter sua atenção chamada pelo professor – nem que seja mentalmente.

Resolver – O mundo não seria mais criativo se tudo fosse irresolúvel?

Respeitar – Deus Pátria Família. (É o que mais nos ensinam nas escolas.)

Respingar – Alusões.

Respiração – A Respiração do Amor é um poder concedido pelo Diabo a seus amigos, que os faz serem amados. Os padres, no confessionário, são beneficiados.

Responder – Preferir não.

Responsabilidade – *O professor cuida do futuro da nação!*

Resposta – (Ver *Refluxo*.)

Ressábio – Indício de mau sabor.

Ressaca – Os cristãos inventaram para acabar com a festa dos romanos. (*Pior que ela, só dar aula com ela.*)

Ressudar – Nas aulas de Educação Física.

Resto – Não é uma boa condição. (*Mas dizer que se interessa pelos restos.*)

Resultado – Há de ser correto. *Lógica da Avaliação Quantitativa.*

Resumir – Uma arte difícil. Um bom professor deve dominá-la. (Em tempos atuais: *ctrl c* e *ctrl v*.)

Retardado – Da *Tipologia Discente*. (Em desuso.)

Retórica – O professor pergunta e finge que os alunos responderam.

Retorno – *Outra vez?*

Retroprojetor – Precursor tecnológico da *Pedagogia Power-Point*. (*Dá um ar retrô.*)

Reunião (pedagógica) – Só para cumprir carga horária.

Revalorizar – Mais e mais do mesmo.

Revel – Insurgente. (*Bom isso.*)

Revisão – Atividade que antecede as provas e que exclui os cegos.

Revolução – *Era uma ideia tão forte!* (Em tempos atuais: só a do Mundo Virtual.)

Revolucionário(a)– Aquele(a) que prefere ser chamado(a) de tal não cruza as pernas. Alcunha de alguns estudantes de História e de Sociologia.

Rezar – *Como ele é queridinho, reza todos os dias!* (Cf. *Abobado.*)

Rifa – Fonte de financiamento da Educação Pública.

Rima – Na Escola, com poesia. (Escola com amola com esmola.)

Rinite – Um dos mal-estares da Educação. Da mesma espécime da tendinite. Não rima com giz.

Rinoceronte – Inútil. Animal para Abecedário. (Ver *Hipopótamo.*)

Riso – O riso de Kakfa, de Beckett, de Artaud, de Deleuze, de Kleist, de Virginia, de Lawrence, de Melville, de Malamud. (*E quando o professor cai, então?!*)

Riste – Estado dos dedos dos professores. (Cf. *Rédea.*)

Ritalina – Da mesma ordem de rebenque e rabo-de-tatu. O *Prozac* dos hiperativos.

Ritornelo – Ao escutá-lo, basta quase sorrir.

Rizoma – Usar entre artistas. Cai bem e não é necessário quase sorrir. Eles quase sorrirão.

Roçadela – Escrever por roçadelas: Babel feliz (Roland Barthes).

Rosto – Eu não escrevo com a mão. Aquele que escreve com a mão esqueceu o rosto de seu pai. Eu escrevo com o coração.

Roteiro – Para preparação de romances e aulas.

Rotina – *Rodo cotidiano*. (Confira a banda *O Rappa*.)

Rótulo – Afirmar sempre que, ao usá-lo, não se trata de rotular.

Rousseau (Jean-Jacques) – A paixão de Emílio. Pedofilia em estilo de cuidado.

S

Sábado – Dia que precede o domingo. Ótimo para recapitulações.

Sabão – Vou te passar um sabão. Pode ser também um sabonete.

Sabatina – Eram provas ou recapitulações feitas aos sábados.

Sabedoria – O preço da sabedoria é fazer um dicionário do tipo deste aqui.

Sabença – O que este *Dicionário* tem em profusão.

Saber – Todo mundo está mais ou menos contaminado.

Sabido – Lavar a boca com sabão.

Sabor – De preferência, saboroso (cuidado para não engolir pelos de urso).

Saboroso – Um urso com sabor.

Sabrecar (a panturrilha) – Só se for por passear em moto em dia de prova.

Sabujar – Adular, antes de qualquer avaliação.

Sacal (para pintura) – Normalmente, são de oito ou cinco quilos utilizadas para pintar muros de escolas, quartéis, penitenciárias, etc. (É recomendado não encostar neles.)

Sacas (?) – (*Caso contrário, danou-se. Vai passar o final de semana tentando sacar o que não sacou.*)

Sacerdócio – Missão de ócio honroso.

Saco – *Essa aula tá um!*

Sacolejo – Saco de azulejos quebrados para fazer mosaico em aulinha de arte.

Sacrário – *Vamos todos ao sacrário buscar o certificado.*

Sacrifício – Gostamos mais de sacrilégio; por vezes dá suspensão.

Safadeza – Assediar sexualmente a secretária eletrônica da Direção.

Safanão – *Vou dar-te um!* (Caso não fique quieto na carteira.)

Safardana – Um safardana em literatura.

Sáfios – Nossos inimigos. Todos os que guardam e sabem impor regras com clareza e determinação.

Safo (?) – (*Caso contrário, danou-se. Vai passar o ano tentando safar o que não safou no ano anterior.*)

Sagacidade – Qualidade de quem permanece na escola e não se torna escolar.

Sagrado – Melhor profano.

Saibo – Um gosto geralmente desagradável. (*Eu saibo disso!*)

Saídas – Como em Kafka: mais criadoras do que a tal liberdade.

Sal – O sal da vida.

Sala (dos professores) – Um mistério é ela ser habitada.

Salamaleques – O cara diz a palavra e já está fazendo salamaleques.

Salamandras – São as mais belas mulheres do mundo, só que não se mostram.

Saliente – Um dos piores tipos de gente.

Saliva – Líquido que antigamente se fazia segregar pelas glândulas salivares para selar carta.

Salmoura – Água salgada e quente, usada para a conservação dos pés durante a temporada letiva de inverno.

Salpimenta – Lembrança de uma tarde cinza numa aula das séries iniciais, quando já se é grisalho.

Saltar – Sem rede em baixo, dá no chão.

Saltimbanco – Ora, Butch Cassidy e Sundance Kid. (*O quê? Será que são amigos do Woody?*)

Salutar – Estudar.

Salvação – Tem a ver com Redenção, Perdição e Expiação.

Salvaguarda – *Serviço de Salvação dos Guardas.*

Salve (!) – *Salve! Que tenhamos sorte na trilha.*

Sandeu – Mentecapto. Aluno que tem tudo captado em sua mente.

Sanga – Onde se navegam dobraduras de papel em formato de barco.

Sangradouros – Minha escrita abre-se em sangradouros.

Sanguessugas – Adoram trabalhar em grupo, nunca aparecem, mas seus nomes sempre figuram nos trabalhos em equipe.

Sanguinolento – Se diz de alguém que, apesar de lento, ainda tem forças para estudar; derivado da expressão: ter sangue no lento.

Sanguissedento – Forma poética. (Estudante + Teimosia.)

Santa – *Ou...* (Qual seria o meio-termo?)

Santo – É o aluno mais estudioso e que não se importa em passar a cola.

Sapos – *Pra que engolir os bichinhos?*

Sarado – Finório. Espertalhão. Falta, chega atrasado, entrega depois, mas sempre se sai bem. (*Tem a manha!*)

Sarapantar – *Prova hoje?*

Sarau – Depois do colóquio, da palestra, da oficina, sempre à noite.

Sarcástico – Riso sarcástico é horrível.

Sarjeta – Onde se cai ou se põe o barquinho a navegar.

Sarna – *É uma!*

Sarro – Fezes, borra, sedimento, saburra, crosta, resíduo. (*Tirar.*)

Satanás – O amigo mais íntimo.

Satélite – Companheiro inseparável.
Satírico – Qualidade mordaz, cáustico, picante deste *Dicionário*.
Sátiro – Queria um em meu bosque.
Satisfazer – Estava expirando e queria mais, mais, mais.
Saudades – *Puxa pra baixo.* (Evitar.)
Saúde – *Esbanjar.*
Saxífrago – Aluno dedicado que lança mão da retórica para persuadir professor cabeça-dura a não fazer prova.
Se – Única palavra de mil letras.
Sebe – É tabique, mas sebento é besuntão.
Sebo – Só se for o lugar do livro usado.
Seca – Se levantares a mão para pai e mãe ela seca.
Secretaria – Lugar aonde não se gosta de ir.
Segregação – Ação grega que deu origem à amizade.
Seis – Símbolo da imperfeição, oposto ao sete divino. (O 666 é o número da Besta do Apocalipse.)
Selo – Papel estampilha comumente quadrada e com bordas picotadas, feito para receber líquido que antigamente se fazia segregar pelas glândulas salivares para selar carta.
Semasiólogo – Responsável por dar o sinal, puxar a sineta, bater o sino.
Semblante – Carregado é pesado.
Semelhança – Qualquer semelhança deste *Dicionário* com pessoas ou fatos reais não é mera coincidência.
Semestral – O astral de seis em seis meses.
Sendo – *Assim...* (Começar uma frase por aí impressiona.)
Sensação – É o mistério da criação.
Séquito – Grupinho chato que faz tudo o que o professor manda.
Séria – Conversa.
Serviço – Não se aceita que educar seja um.
Sexo – Não se deve abusar. (*Extenua.*)
Sexta-feira – *Poxa profe, libera a gente hoje: é sexta-feira!*

Sideromante – Modo pomposo para chamar aluno que brinca com fogo.

Silepse – Não importa como foi dito; o importante é que foi entendido.

Silicone – Quando não é natural é de silicone.

Simão – *Bacamarte, é claro!*

Simbolismo – Sim, a bola está aí mesmo. (*Tá no lugar de alguma outra coisa?*)

Símio – Aluno exemplar.

Simptose – Pode ser uma simples tosse ou outra coisa; quando se tem não se vai à aula.

Simulacro – Aluno exemplar do outro lado do espelho.

Sinal – De responsabilidade do semasiólogo.

Sinceros – Sinceros votos de Feliz Natal e Próspero Ano Novo. (*Então, há os insinceros.*)

Sinédoque – Sinônimo de *Doquéfeito*.

Sineta (ou sirene) – O que vara a cabeça.

Singênese – *Todos ao mesmo tempo, juntos, agora comecem a prova: now!*

Sinistro – Da Educação, da Cultura, da Economia, da Fazenda, entre outros sinistérios.

Síntese – Poucas e boas.

Sismologia – Sempre cismar que se tem razão.

Sistema – Aquilo que afeta a tudo e a todos. Basta fechar os ouvidos aos acordes da música num salão de baile para que pareçam ridículos os dançarinos.

Sobriedade – Estudar até altas horas da madrugada e dormir durante a prova.

Socialização – Ação de repartir algo com os amiguinhos para ser considerado um amiguinho dos amiguinhos.

Socializar – *Justo o chocolate?*

Soco (no estômago) – Prova difícil. (*Não comer em demasia antes de provas difíceis.*)

Sócrates – Sócrates que se dane, mas uma vida que não é vivida é que não merece ser refletida.

Sodar – Misturar com soda; pode ser o limão.

Sol – *O sol é Deus.* (Claro que são as palavras finais de J. M. Turner.) Quando o sol brilha num céu de nuvens pretas, ou o Diabo está batendo em sua mulher ou casando com sua filha.

Som – Alto e bom som. (*Não pode ser baixo e bom? Ou alto e ruim som?*)

Sonambúlico – Veículo automóvel especialmente equipado para conduzir pessoas em estado de sonoplastia.

Sondagem – No fundo do mar cria bolhas.

Sonhos – Nada querem dizer ou dizem tudo. (Por isso, recomenda-se não lembrá-los.)

Sonoplastia – Prática de dormir em aula. (*É o sono plas tia!*)

Sorrisos – Primeiro chegam os sorrisos, depois, as mentiras.

Sorvete – *É perigoso tomá-los.* Os de maria-mole são inofensivos.

Soslaio (olhar de) – Modo de ver o que não se via e pensar que ninguém vê que está sendo visto.

Substantivo – E se ele não existisse? O mundo não seria mais plural?

Sufragista – Aluno que sempre levanta a mão para ganhar a atenção e sugerir uma votação.

Suicídio – Cresce com o egoísmo. Para o seu praticante, cessa tudo.

Sujeito – Se não estiver carregando alguma coisa ninguém o vê.

Sumidade – Tão sábio que sumiu.

Sumido – Aluno que não fez a tarefa.

Súmula – Sumir com a maior parte e deixar um restinho que diga da parte sumida. Todo professor prestidigitador deve saber fazer.

Supor – Antes que exista.

Suprematismo – É ensinado para aperfeiçoar o feitio das bandeirinhas de festa junina.

Supressão – Pressão exercida por superiores. (*Por quem?*)

Suputar – Palavra utilizada em teses.

Surfe – Em sala de aula é motivo para desenho.

Surpresa – Expressão ameaçadora quando utilizada por um professor sádico. (*Vocês terão uma surpresa!*)

Surrobeco – Colocar nos cotovelos e joelhos do uniforme escolar; assim duram mais.

Surto – Modo de acabar definitivamente com o debate chamando a atenção para a sua ideia.

Suspeito – Alunos que escolhem o fundo da sala e que sorriem quando deveriam estar sérios. (*E quando é que deveriam estar sérios?*)

Suspensão – Do juízo é a melhor.

Susto – *Poxa, pensei que o professor ia me chamar para ir ao quadro!*

t

Tá – *Tá, eu prometo que não faço mais isso.*

Tabaco – Ótimo vilão para palestras, murais e cartazes. Cor neutra, em alta na decoração de ambientes escolares.

Tabela – De alguns alunos, diz-se estarem caindo pelas tabelas.

Tábua – Há quem ainda acredite e procure alguma de salvação.

Tabuada – Não havendo como compreendê-la, deve-se decorá-la. (Ainda no século XXI é bom sabê-la na ponta da língua.)

Tabus – No fundo, são sempre histórias de sexo e violência.

Tachar – De burro, inteligente, estudioso, bom, mau, chata, boa, ruim. Comum em Pareceres Descritivos. (Cf. *Taxonomia*.)

Tagarela – Fala e faz perguntas em excesso.

Talento – Não faz mal a ninguém.

Também – Diferente de amém (palavra final de orações pré-provas).

Tamborete – Banquinho do pensamento. (No fundo da sala, virado para a parede.)

Tango – O ritmo lamurioso da reprovação.

Tapa (-buraco) – Professor substituto.

Taquaras (rachadas) – De amplo cultivo no coral da Escola.

Taquicardia – Quando associada à tremedeira, ao coração saindo pela boca e à cara vermelha ardendo como fogo, é paixão. Aprende-se o que é quando nos aproximamos do primeiro amor, que geralmente é um coleguinha da Escola. (*Atualmente, acontece na Educação Infantil, pois as crianças de hoje em dia são tão precoces!*)

Tardinha – *Liberdade, ainda que à tardinha.*

Tarefa – Castigo.

Tarefeiro – Aluno aplicado. (Em que foi transformado o professor de Escola Pública, que precisa trabalhar 60 horas por semana para não viver, morrer na indigência.)

Tartaruga – Mais vale ter o seu passo que a sua cintura.

Tascar – Um beijo é sempre bom.

Taxonomia – Torna o mundo e a vida fáceis.

Tchau – Tratamento dispensado a professores substitutos ao término do seu contrato.

Te (amo) – Mais sincero quando proferido por crianças.

Te (odeio) – Mais sincero quando proferido por adultos.

Teatro – Atuação cênica de alguns alunos quando da não entrega de alguma tarefa.

Tecnologia – Já anulou concursos públicos pelo Brasil afora.

Tédio – Seguir Maiakóvski, preferindo morrer de vodka que de tédio.

Teima – Aluno teimoso é chato. (Ponto.)

Teleducação – *Viva a Fundação Roberto Marinho!* (Cf. *Televisão*.)

Telefone – Invenção que abole a vantagem de se manter a distância.

Telegrama (endereçado a bom aluno) – *Parabéns Aprovação.*

Telegrama (endereçado a mau aluno) – *Sentimentos Reprovação.*

Teletransporte – Ainda não inventado, mas já é possível relacioná-lo à evasão escolar.

Televisão – Em frente a ela, qualquer criança se mantém em silêncio. *A televisão é a maior maravilha da ciência a serviço da imbecilidade humana* (Barão de Itararé).

Telhado – Quando o gato subir no telhado, comunicar aos responsáveis que a reprovação é iminente. (*Quem tem o seu de vidro, cuidado!*)

Tema – Hediondo. Ao copiar do quadro, as alunas caprichosas desenham uma casinha ao seu lado. (Com portinha e chaminé.)

Temperamento – *Temperamento latino é fogo!*

Tempestade – As mais terríveis são feitas em copos d'água. Colhe-a quem planta vento. Depois da tempestade, vem a gripe e o trânsito engarrafa.

Tempo – Revoltar-se contra ele, mas tê-lo sempre em mente para puxar conversa. (*Não há nada que o tempo não cure, basta ler um livrinho do Augusto Cury.*)

Tesão – Tese gigante mata a tesão de qualquer um. (*Sem tesão, não há solução!*) A tesão tem razões que a própria razão desconhece. (Para maiores esclarecimentos, cf. *Tabu*.)

Terço – Acessório didático-religioso indispensável a alguns alunos no final do ano letivo. Rezado pelas professoras em reuniões de pais, especialmente em entrega de boletins. (*Sua professora rezou um terço de reclamações!*)

Teoria – Ainda há quem diga que vale menos que a prática. A do Nariz de Cleópatra diz que forças imprevisíveis e improváveis exercem efeitos sobre as ações humanas e sobre a História.

Tese – Discurso proferido pelo aluno a seus pais, perante avaliações desagradáveis.

Teseu – Uma jornada gloriosa. Depois, órfão de pai por pura distração.

Tesouro – Sempre há um pote de ouro no fim do ano letivo. (*Ao menos deveria haver.*)

Testa – Sempre de ferro, nunca de ouro.

Teste – O mesmo que avaliação, ou prova, ou sistematização de aprendizagens, ou trabalhinho individual. (*Sempre de nervos.*)

Teteia – Colega graciosa, razão pela qual se vai à Escola toda manhã.

Texto – Tem o dever de ser coerente, bem estruturado e atento às regras gramaticais.

Tia – Membro feminino do corpo docente. (*Mesmo contra a vontade de Paulo Freire.*)

Tímido – Aluno apelidado de bicho do mato. Nas anotações do Boletim Escolar, a professora recomenda: – *Deve procurar ser mais participativo, compartilhando com a classe suas dúvidas e opiniões a respeito dos temas que são abordados em aula.*

Tinteiro – Em completo desuso, embora chiquíssimo.

Tirania – Marcar provas de Matemática, Física e Química na mesma semana.

Tiro – No pé. Quando sai pela culatra, sempre é certeiro.

Titulação – Carteira de Identidade Profissional. (É com base nela que se pode indagar: – *Você sabe com quem está falando?*)

Toca – Sede do Grêmio Estudantil. (Local propício para reuniões lícitas e ilícitas.)

Todos – *Somos nós contra todos! Cada um por si, Deus por todos!* (Na hora do Teste.)

Tolice – (Principal substância utilizada na fabricação deste *Tolicionário.*) *Não há tolice no mundo que não encontre filósofo para sustentá-la* (Cícero).

Tolo – Só um tolo acredita que está sonhando depois de acordar.

Trabalhadores – *Uni-vos! Trabalhadores, unidos, jamais serão vencidos!* (Do *Sindicalês.*) *O que seria de nós sem eles?* (Flaubert *in* SABINO, 1984, p. 93.)

Trabalhar – *A vida é ganha matando-se de trabalhar.*

Trabalho – Árduo e penoso por culpa de Eva que não soube resistir à tentação da serpente; por causa dela só o trabalho constrói. (*Se o trabalho fosse essa maravilha que se diz, os ricos teriam ficado com ele.*)

Traidor – Todo movimento que se preza deve ter o seu.

Tradicional – Ninguém sabe direito o que é, mas é sempre xingado. (Especialmente pelos estudantes de Licenciaturas dos confins do Brasil em seus relatórios de observação do chão da Escola: – *Aquela professora é muito tradicional!*)

Trapaça – Cola.

Tranco – Foi aprovado assim, aos trancos e barrancos.

Tranquilo – *O coração tranquilo e uma boa noite de sono, se não for pedir muito.*

Transparente – Ele falava tão claramente, que a sua estupidez tornava-se transparente. – *Prometo fazer um mandato participativo e transparente!* (Ouve-se em campanhas eleitorais de toda e qualquer ordem nesta República Tupiniquim.)

Transpiração – Sempre maior após o recreio. *Nos pés, sinal de saúde* (Flaubert *in* SABINO, 1984, p. 93).

Transtorno (de *Déficit de Atenção com Hiperatividade/TDAH*) – Síndrome de conduta antigamente chamada de bicho-carpinteiro, sendo o pior transtornado o do tipo combinado; ou seja, o transtornado que é desatento, hiperativo e compulsivo. Há quem diga que a ele faltam carinho, atenção e paciência por parte dos pais e professores. Os mais tradicionais defendem que o que falta é laço, mas o que acaba sendo receitado mesmo é *Ritalina*.

Trato – *Você finge que manda, eu finjo que obedeço.* – *Eu faço de conta que ensino e vocês fazem de conta que aprendem.* – *Trato é trato.*

Tratante – (Quem deveria nos ter amado, mas não.)

Trapo – Uniforme escolar quando finda o ano letivo. Ou: professor no final da jornada de trabalho.

Trava-línguas – *O Pedro tem o peito preto e o peito de Pedro é preto.*

Travessão – Após dois pontos, nova linha e parágrafo.

Travesseiro – O melhor conselheiro.

Tréguas – Possuem denominações variáveis de acordo com o tamanho: às pequenas, dá-se o nome de intervalo ou recreio;

as intermediárias são feriados e finais de semana; quando maiores, são chamadas férias.

Trema – Pingos nos *us*. (*Para alemão fazer biquinho*.) Sinal ortográfico, já fora de moda.

Triagem (escolar) – Instrumento de seleção e excelente possibilidade de controle.

Trimestre – A cada três meses uma nova possibilidade de evasão escolar. Alívio para as professoras dos anos iniciais. (*Com ele, são apenas três Pareceres Descritivos por ano.*)

Tripa – Material propício para nós.

Tristeza – A alegria das farmácias. Sentimento encontrado às pampas nas salas de professores.

Tromba – Professor ou aluno contrariado.

Trombone – Botar a boca no trombone. (*Mas não esquecer de assoprar, senão não adianta.*)

Trono – Lugar para apenas um traseiro.

Tropas (discentes) – A estratégia de organização mais eficaz ainda é a fila indiana.

Tubarões (da Educação) – Todos pacíficos, polidos, distintos e esganados. (*Sem metáfora.*)

Tudo – Ganância.

Tumulto – Volta às aulas.

Turista – Aluno(a) pouco assíduo(a) às aulas. (*Na Universidade Pública tem aos montes.*)

Turma – Um bando em potencial. (Cf. *Bando*.)

Turno – Três maneiras de se gazear aula: pela manhã ou pela tarde ou pela noite.

Tutoria – Para alguns docentes, função materna; para outros, aumento da carga horária.

Tupi – *I wanna speak tupi guarani*.

u

Ufanista – Sujeito vaidoso. Sinônimo de *Onanista*.
Ui – Não é seguida de interrogação.
Uivo – Aquilo que faz alguém em devir-lobo.
Úlcera – Ressentimento. Ferida que faz questão de não cicatrizar.
Ultimato – O que um aluno recebe após três avisos prévios.
Último – Aquele que senta ao fundo da sala. (*Tranquilize-se, ele nunca vai ser o primeiro, sob nenhuma circunstância.*)
Ultraje – A rigor. (*Sem black tie, naturalmente.*)
Ultrapassado – *O meu computador novíssimo!*
Ululante – Aquele que sempre tem uma queixa. Mas não só isso: queixa-se sempre de maneira lamentosa, chorosa, nojenta. Tem a cara de quem comeu e não gostou.
Um – Geralmente é o goleiro. Joga contra o time do nenhum.
Umbigo – Deus, para Fulano. A Ciência, para Sicrano. A Psicanálise, para Beltrano. (E assim sucessivamente.)

Umidade – Nas paredes, nas vidraças, nos cadernos, no corpo, em dias de insistente garoa.

Unanimidade – Só não é burra porque não existe.

Unha (de fome) – O imigrante alemão diz do italiano; o italiano diz do alemão; diz-se, também, do Salim (sem saber se é turco, árabe ou judeu).

União – É aquilo que faz a força. (*Verbete amado pelos sindicalistas.*)

Único – A chegar atrasado. A ficar em recuperação. A não fazer os deveres. (O tal.)

Unidade – *Não precisa pesar o pé de alface, pois ele é cobrado por unidade. Já os tomates precisam ser pesados.*

Uniforme – Não adianta querer obrigar. (*Quem manda a Escola não valorizar a moda?*)

Unilateralidade – Nazismo. Fascismo. Neoliberalismo. Totalitarismos de toda sorte. A glória de qualquer vitória.

Unissex – Diz-se do banheiro da sala dos docentes. (É sabido que professores não têm sexo, só gênero.)

Uníssono – Pode ser desejável na música; na sala de aula, jamais.

Unitário – Um sectário. Seu gesto igual ao de todo um grupo revela que ele o é.

Universal – Do Reino de Deus. Dos sindicatos de Trabalhadores da Educação. Das Secretarias de Educação. Das Associações de Pesquisa em Educação. E assim por diante.

Universidade – O que vem depois da Escola para aqueles que menos precisariam dela.

Universo – Pedagógico, psicológico, sociológico, histórico, geográfico, filosófico, antropológico, literário, econômico, político. (*A Miss é mais bonita.*)

Urbano – Senhor com um suéter vermelho acomodado sobre os ombros, caminhando no shopping, num sábado à tarde.

Urdidura – Quando alguém se perde na trama de um filme, costuma dizer: – *Perdi o fio da urdidura.*

Urgência – Aquilo que só urge agora. Sensação intensa e inadiável, porém, passageira.

Urna – Eletrônica não serve para guardar as cinzas dos mortos. E a que guarda as cinzas dos mortos não recebe votos. (*Nenhuma delas é democrática de fato.*)

Urticária – A resposta da pele à privação da liberdade do pensamento.

Urubu – Diz-se daquele que aguarda o término de um namoro alheio. (Sujeito frio e calculista.)

Usos – Depois de usados, os livros devem ser devolvidos, para que outras pessoas os usem também. (*Antes de devolvê-los, sugere-se apagar todas as marcas pessoais.*)

Usuário – *E senha. Não confere. Digite de novo. Não confere. Digite de novo. Você acabou de ser bloqueado. Dirija-se à Delegacia de Polícia mais próxima.*

Usucapião – *Depois de um ano, o Sistema da Biblioteca elimina, automaticamente, os déficits relativos a livros não devolvidos.*

Usufruto – Um artigo; seis, sete, oito autores.

Usura – *O negócio é ganhar nos juros!*

Usurpador – Deleuze, Foucault, Barthes, entre outros.

Uterino – Diz-se dos irmãos ou das irmãs gerados pela mesma mãe, mas não pelo mesmo pai. (*Não deixe de saber mais sobre a vespa e a orquídea, no livro "Diálogos", de Gilles Deleuze e Claire Parnet.*)

Utilidade – Principal preocupação dos burocratas da Educação.

Utilitarismo – Chamar a burocracia primeiro. Se não der certo, recorrer à psicóloga, ao padre ou ao juiz. Nessa ordem.

Utopia – Recurso de um corpo intelectualmente debilitado.

V

Vã – Nietzsche diria que toda esperança é.

Vaca – Não é a fêmea do touro, é bem pior do que isso.

Vaca (-leiteira) – Boa de mamar. (Coisa machista.)

Vaca (-preta) – Bom de beber; bem melhor que leite. Amante do boi da cara preta.

Vacilada – Sempre tem perdão.

Vacilante – Sujeito perdoado cotidianamente. (*Será que devo defini-lo?*)

Vacilar – Disputa entre o querer e o não querer.

Vacilo – Quando um dos dois ganha.

Vacina – Ainda não foi inventada para o besteirol. Descobre-se para uma infinidade de males, exceto para estupidez. A da primeira série a gente nunca esquece.

Vácuo – Coisa de astronauta e de embalagem de café. Segundo alguns professores é o que há na cabeça de certos alunos.

Vacúolo – Já estudei em Biologia.
Vadia – (Cf. *Vaca*.)
Vadiação – *Êta coisa boa...*
Vadiagem – Mais criticável que vadiação.
Vadiar – Dá até letra para canção popular. Quem nunca a praticou não sabe o que está perdendo.
Vadio – Não é a mesma coisa que *vadia*.
Vaga – Quase impossível; mais fácil com *Q.I* (ver). De uns tempos para cá, é um tema controverso, por que não dizer, epidérmico.
Vagabunda – (Ver *Vaca*.)
Vagabundagem – O verdadeiro sentido de vadiação.
Vagal – Aluno.
Vagalume (Aluno) – Aquele que apaga e acende, acende e apaga, e não dá para desligar. Ora se acende, ora se apaga.
Vagar – Depois da aula.
Vagareza – Primeiro período de aula logo após o almoço, em sala sem ventilador.
Vagem – É verde e poucos a apreciam; sempre sobra na bandeja do almoço.
Vagina – Pouco romântica; parece nome de remédio.
Vago – *Explica melhor isso.*
Vai – Na escola, tudo o que vai, volta.
Vai – *Não enche meu saco! Aonde?*
Vaia – Torna a pessoa mais conhecida que o aplauso.
Vaiado – Indivíduo importante.
Vaiar – Só aumenta o ego do vaiado.
Vaidade – É pecado mas faz bem ao vaidoso e aos olhos dos outros. Como diria Lichtenberg: – *A vantagem se ser apaixonado por si mesmo é a de não ter rivais.*
Vaidoso – Um pecador bem alinhado. Aluno que não veste o uniforme escolar.
Vai (e vem) – Dia de matrícula em escola pública.

Vai (não vai) – *Te decide!* Decisão sobre o futuro de aluno periclitante em dia de Conselho Final.

Valão – Tem cheiro ruim. Quando transborda, na periferia, impede a ida das crianças às aulas.

Valdo – Figurinha de álbum de futebol. Sobrinho do tio que cuida do portão da escola. (Cf. *Wander*.)

Vale – Refeição, transporte, brinde, presente (...)

Valente – Persistente.

Valentia – Desde que não se morra. (Escrever verbetes para este *Dicionário*.)

Vale (-tudo) – *Só não vale dançar homem com homem e nem mulher com mulher.*

Valia – *Valia a pena ser professor...*

Validação – Só o MEC pode.

Valioso – Outrora, o conhecimento.

Valise – Não há lugar para ela na escola e, sim, para a mochila.

Valor – Sempre o outro que dá.

Valorar – Dar um jeito de fazer valer a pena.

Valores – Dar um jeito de escapar. Orgasmos das professoras dos Anos Iniciais.

Valorização – Só os coitados necessitam.

Valorizado – O segundo mais sorridente do grupo; o primeiro é quem tem o poder de valorizar.

Valsa – Só mesmo em baile de debutantes, e olhe lá. Hoje é funk.

Vampiro – O currículo.

Van – A vida segue com ela.

Vandalismo – Proporcional à chatice da escola; é sinal que alguma coisa vai mal.

Vanguarda – Teoria de vida breve.

Vanguardista – O artista da desconstrução. Diz-se do que não se consegue entender.

Vantagem – A vantagem de quem não foi é não ter de voltar. Abrangente: a do Gerson. A vantagem de morrer moço é economizar muitos anos.

Vantajoso – Alguém sempre sairá perdendo com isso.

Vara – De marmelo, para as crianças indisciplinadas; hoje é só cortar o videogame ou o MSN.

Varanda – Por que as salas de aula não têm uma? As salas de aula de madeira, nas antigas escolas de freiras, geralmente tinham.

Varejão – Faculdades privadas e cursos a distância.

Vareta (jogo) – Exercita a motricidade fina, mas é chato.

Variações – É preciso muito trabalho para produzir alguma. Sempre versam sobre um mesmo tema.

Varicela – Dá atestado médico.

Variedade – A variedade de recursos só atrapalha. Melhor é a pedagogia de Beckett: quanto menos, melhor.

Varinha (de condão) – É bem mais sem graça que a vassoura da bruxa.

Varíola – Dá atestado médico. (Ver *Varicela*.)

Varrido – O louco e o vestibulando em Pedagogia.

Vasculhar – Quem vasculha acaba sempre descobrindo que perdeu alguma coisa. O melhor é a vida alheia no Orkut.

Vasectomia – Dizem que é planejamento familiar. Poderia ser feita na língua (sem duplo sentido) de alguns professores com o intuito de conter a propagação oral de babaquices.

Vaselina – Multiuso. Aluno extremamente bajulador.

Vassoura (da bruxa) – Melhor que a *varinha de condão*.

Vaticínio – É o que mais se ouve em Conselho de Classe...

Vazio – Discurso vazio é cheio de besteiras. Estar no mundo. (Visão melancólica.)

Veado – Será que ele é? Bâmbi.

Vedete – Psicanalista palestrante. Professora em vias de aposentadoria que ainda se acha importantíssima na instituição da qual faz parte.

Vegetariana – Faz ioga e é contra as sacolinhas de supermercado.

Veia – Alguém não tem sangue nas veias? As da América Latina seguem abertas.

Veículo – Diz-se do carro não muito bom.

Vela – Pode-se ou não acender uma a Deus e outra ao Diabo?

Velar – A importância da escola para a vida dos alunos.

Velha (-guarda) – Só esperando a aposentadoria. Trio de alunos repetentes do Terceiro Ano do Ensino Médio.

Velhaco – Não se trata de uma questão de idade, mas de caráter.

Velharia – Biblioteca. Tem cheiro de naftalina.

Velhice – Quando chega e quando acaba? Um sobrado de frente para o mar, ao lado de um fiel Labrador, Billie Holiday na vitrola e o bom (e velho também) Henry Miller nas mãos.

Velho – Não tem hora certa para se sentir. Os currículos também caducam.

Velocidade – Tanto melhor se for do pensamento.

Velocista – Diz-se do professor de curso pré-vestibular e do currículo após três meses de greve.

Velório – O dia seguinte ao da reprovação no vestibular.

Veloso – Antes Tom Zé a Caetano.

Velozmente – Faça o que tiver que fazer velozmente para logo fazer outra coisa.

Veludo – Já foi coisa chique; hoje é ninho de ácaros.

Verdade – Cada um que fique com a sua.

Verdadeiro – Para quem?

Vergonha – Aquilo que vai diminuindo à medida que envelhecemos.

Vertigem – Só as virgens sentem.

Vexame – O do outro é sempre maior.

Vc – Espaço de aprendizagens que não consta nos livros pedagógicos.

Viagem – O que importa é o percurso, mesmo que não se saia do lugar. (*Um passo à frente e você não está mais no mesmo lugar.*)

Viajar – É muito bom desde que se possa retornar.

Viajou – Quem nunca embarcou que atire a primeira pedra...

Vício – Mais prudente é fazer como Deleuze e embriagar-se com água cristalina. Nas escolas, nem os de linguagem são tolerados.

Vicissitude – O povo "psi" não passa sem.

Vida – Não há como passá-la a limpo. (Cf. *Rascunho*.)

Vídeo – Invadiu as escolas, melhor do que muitas aulas.

Videogame – Imita a vida ou a vida o imita? Auxílio tecnológico utilizado pelos pais na educação de seus filhos (conforme o rendimento escolar joga-se ou não.)

Videoclipe – Mais interessante do que muitas vidas. Antes *MTV*, hoje *YouTube*.

Vidência – Capacidade que alguns professores julgam possuir num Conselho de Classe.

Vidente – Não é uma questão de bola de cristal.

Vigarice – Vide Congresso Nacional.

Vigarista – Em Brasília, corre solto.

Vigia – Cara maldito e malquisto.

Vigiar – Sem punir perde a graça.

Vingança – Prato que se come frio.

Violência – Só se for do pensamento.

Virgem – Não é sinônimo de inocente. Signo zodiacal.

Virgindade – Com o advento da pílula, ninguém sabe muito bem para que serve.

Virose – Doença que acomete as crianças, a qual os pediatras não conseguem identificar.

Virtude – Coisa rara nos dias de hoje; o vício é melhor.

Vírus – Os do computador podem ser mais letais do que os outros.

Vital – A hora do recreio.

Vitalidade – Criança correndo no pátio durante o recreio.

Vítima(s) – Alguém gosta? De tudo quanto é ordem.

Vitimização – Ato de criar um coitado.

Vitória – Seja qual for, tem um quê de solidão. Não cante antes do tempo.

Vitorioso – Em tempos de mediocridade é uma afronta aos demais.

Viúva – Com as separações, é difícil a mulher chegar a este estado.

Vocação – Só se não for para mártir e nem para padre.

Volátil – Mais que perfume francês, é o salário do professor.

Voltar – Na escola não há o que não volte. Slogan de universidade privada: *Um bom aluno a essa universidade sempre retorna.*

Voraz – Adolescente ao final do quinto período da manhã.

Votação – O voto em ação. Só se for para a eleição da garota mais linda da escola.

Voto – Vale tanto que não deveria ser dado a ninguém.

Vulgar – Há coisa mais vulgar que mulher usando *legging* branca?

Vulnerável – Todo mundo é, o que varia é o ponto.

Vulnerabilidade – Onde está a sua? Na escola, somente a social é valorizada.

W

W – Em laboratórios de Informática, costuma-se digitar ao menos uma trinca. (*Tal como indica a Dactilologia.*)

Wagnerismo – Ninguém, como Nietzsche, amou tanto uma coisa; e, por conseguinte, pôde odiá-la com toda propriedade.

Walder – Pode ser pai ou avô de aluno, se não for o Benjamin, o Whitman ou o Mercado (no caso destes três últimos, substituir a letra D por T).

Walkman – Era proibido; hoje é o MP3, MP4, MP5, MP6, MP7...

Wander – O tio que cuida do portão, desde que não seja o Wildner.

WC (parede do) – Quando o estudo de gramática encontra a vida real.

Web – Quando disponível, uma fonte sem ácaros de pesquisa. (E também de acesso a sites de relacionamento em geral.)

Weber – Tenha-o na manga para falar com qualquer sociólogo.

Wittgenstein – Ludwig não tinha razão: – *É a alma que é o rosto do corpo.*

Woody – Nome de alguns alunos. Se não for o Allen.

X

X – Consoante palatal fricativa surda. (Logo, deve ser incluída.)

X (da questão) – *E se a variável fosse outra?*

Xaboque – (*Me dá um naco do teu Xis?*)

Xacoco – Arcaísmo para desenxabido.

Xadrez – Nas escolas, ajuda a desenvolver as habilidades enxadristas.

Xamã – *Cumpra sua parte da barganha.*

Xamanismo – Espiritualidade científica.

Xapacura – Nenhuma ligação com chá de boldo ou de cogumelos.

Xaropada – Palavra atemporal para aula enfadonha.

Xaroposo – Palavra atemporal para aluno enfadonho.

Xaveco – Paquera ou flerte. (Aplicado por *motoboys* e rodoviários.)

Xaxim – Melhor deixar onde está.

Xeleléu – (Cf. *Adulação.*)

Xendengue – Costuma-se dizer que habitam as Escolas Públicas.

Xenofobia – (*Isso é coisa deles.*)

Xeque – Desaire. O que está em jogo.

Xereré – Xixixi.

Xereta – Que opina demais sobre a ementa que outrem organizou.

Xerofagia – Dieta intelectual caracterizada pela apreciação de fotocópias.

Xerografia – (*Deve ser fotocópia.*)

Xexé – (Da *Ofensalogia Escolar.*) Pateta, idiota, pacóvio. (Desusado.)

Xi – iiiiiii...

Xibimba – Pessoa simpática que é motivo de chacota. (Cf. *Histrião.*)

Xicaca – Em dia de chuva, fazer xicaca é divertido, de papel, de palha, etc.

Xícara – Palavra de Ditado.

Xicrinha – No intervalo, antes e depois, durante as aulas (cheia de café, é claro).

Xifoideo – As acepções variam na proporção inversa à idade do aluno.

Xilindró – A cadeia – mais sonora. (Ficar um período na sala do SOE.)

Xilofone – Um instrumento peculiar.

Xiloide – *Cara de pau!*

Xilomancia – Mais uma das artes de adivinhação – não é utilizada em *Testes.*

Ximbica – Jogo de cartas (e veículo automotor de transporte escolar).

Xingar – Sempre atual.

Xingaraviz – Animadores de aulas.

Xingatório – Antecede a visitinha ao SOE.

Xinxilha – *Um chinfrim.*

Xiririca – Desculpa para sair da aula antes do intervalo. Os professores ignoram. (Cf. *Xixi.*)

Xis – Calabresa. Com Ovo. Só Com Ovo (*Xis Egg*). Bacon. Salada. Galinha. Coração. Frango Com Catupiry. Da Casa. Sem Tomate. Com Batata. Tudo.

Xius – Sempre se escuta em reuniões de professores e em salas de aula.

Xixi – *Sôr, fiz xixi!*

y

Yuppi – Último dia de aula. (*Alívio coletivo.*)

Z

Zacinto – (Há, aqui, um pequeno problema de grafia ou de pronúncia.)
Zaino – Não é cavalo, é um Diretor velhaco.
Zagamzaim – Diabo disfarçado de eunuco.
Zambeta – Zaimbo. Zambro. – *Tá, tá, é cambaio, torto.* (Da *Ofensalogia Escolar.*)
Zangão – Zângano, parasito, chupista (*uau!*). (Do *Bestiário Educacional.*)
Zangar – O professor zabumbeiro olhou-me zangado, zangalhão, zangaralhão. Zanaga como ele só, achando que eu fosse zagal, em virtude daquela zanguizarra, voltou-me o seu olho zarolho e quase o zaguncho, para fomentar ainda mais a zizânia. Isso tudo naquela zoada, zoeira de zoilos e de zoinas zombados. Pretendia o zombeirão, obrigar-me a entrar numa zagunchada. Eu, zonzo, zopo, zonzeado, com zonzeira, embora zorrão, meio zote, com zotismo, até zoupeiro, tive um zuído. Foi uma zaragalhada só, naquela zaragata, cheia de zarandalhas feitas por zaranzas, zabaneiras, que zarelhavam com zarelhos, zerês e ziguezigues. Vontade tinha ele de zimbrar-nos, para que nunca mais zingareássemos, como zinhos pelos quais nos tomava. Assim, naquele zunzum, zunzunou e ziniu uma zumbaia, da parte de um zumbaieiro zumbrido. Foi então que, com zelo zampado, chegou um outro, muito zangaralhão, que zaranzou a zorra. Zurziu o que tinha nas mãos (*zape!*) e entramos numa grande zurzidela, como

se fosse num zingamocho ou numa zangaburrinha. Poderia ser um zwingliano zuruó; um zefirino zebuíno; um zaco zafimeiro; uma zerumba zagal; um zerumbete com zigofilo no zigoma; até um zegri zeídeo ou um zigóptero com zigospório; mas era um zeomorfo zambiapongo, zambro e zuruó, zanaga e zanho, que embarcou num zepelim. Zão-zão...

Zanzar – Vagabundear. (*Ah, se pudéssemos só vaguear pela vida!*)

Zarabatana – Até a pessoa dizer – *Vou pegar minha zarabatana* –, as pequenas setas ou dardos, que seriam sopradas pelo longo tubo, de nada valem, pois os animais ferozes já fizeram a festa. (*The end.*)

Zaragalhada – Não tem aluno que não faça: algazarra, alvoroço, tropel. (Para entender melhor, vide verbete *Zangar*, supra.)

Zarpar – Feito um navio, lançar-se ao mar.

Zarapelho – Um dos nomes do Demo. (Da *Ofensalogia.*)

Zarzuelista – Aquele que compõe zarzuelas. (*Sim, e daí?*)

Zás – A ideia passou tão ligeira, que a perdemos. (Se for lenta, é opinião.)

Zás-trás – Expressão que já significou ligeireza e eficiência no cumprimento de uma tarefa. Por isso, caiu em desuso e foi desdicionarizada. (*Mas, neste aqui, se mantém.*)

Zazie – (*Quem foi que disse que ela não andou de metrô, Queneau?*)

Zen – De *záo*, vivo. Professor que recebe o epíteto de Júpiter, propiciador de uma vida tranquila.

Zebra – *Xiii, vai dar zebra!* (Do *Bestiário.*)

Zé dos anzóis – João-Ninguém. Zé da Véstia. Jagodes. (Da *Ofensalogia*, mas arcaico.)

Zéfiro – (Outra bela palavra.) Vento do Oeste, impetuoso e funesto, que provoca tempestades e borrascas. (*Também uma boa sugestão para dar nome a um filho.*)

Zeus – (Sabe-se bem o que os cristãos fizeram com esse nome grego de Júpiter.)

Zn – Eternidade e agora e vem. (*Invenção.*) Pode ser também o símbolo do Zinco.

Zênite – Ensinar é atingir o zênite da glória. (*Tolice em estado puro.*)

Zero – (Antes zero do que 100.)

Ziguezague – Caminho mais curto na saída do bar. (*E título de um livro futuro.*)

Ziguezigue – Traquinas. (Poderia adjetivar este *Dicionário*.)

Zimbro – Ciprestes gotejantes do zimbro da tarde. (*Ótimo com cachaça.*)

Zíper – (Já foi chamado de fecho *éclair*.)

Zanzibar – Originariamente, uma ilha africana; virou nome de boteco.

Zodíaco – Explica mais e melhor do que Freud.

Zombaria – Ninguém gosta; alguns merecem.

Zombeteiro – Sorriso.

Zumba (que zumba) – Zangão, na percussão, estimulando Abelha.

Zoofilia – *Afecto mórbido por alunos (pode raiar a bestialidade).*

Zoofobia – Professores que suscitam medo.

Zona – Morta. Cega. Contígua. Franca. Geográfica. Tropical. Equatorial. Glacial. Polar. De câmbio. Risco. Pecado. Vida fácil. Atrito. Agrião. Fricção. Livre comércio. Cair na zona. A dos fundos da sala sempre foi a mais estimulante.

Zonal – Mais usada com a sílaba *sa* na frente.

Zoroastro – Pai ou irmão primogênito de Zaratustra.

Zorro – (Paixão de muitos anos.)

Zumbis – Mortos-vivos. (Há muitos ao nosso redor, mas já não servem de mão de obra gratuita: criaram a *Central Única dos MOVIs* e a *ONG TosVos*.)

Zunzum (zum) – Com 2: – *Ouvi zunzuns a seu respeito, malandro!* Com 3: momento em que se percebe que três líderes acabam de passar a nossa frente.

Zunzunar – Voz das abelhas. Assim como trissar é do beija-flor e gloterar da cegonha. (*E dizer que pareciam uns bichinhos tão bonitinhos!*)

Zurrar – Zurrar asneiras. (A voz animal deste *Dicionário*.)
Zurzir – Açoite que das trevas sem fim as matulas zurzisse.
Zugzwang – Sinceramente? Não era para este *Dicionário* encerrar-se com uma palavra tão bizarra, que está fora de ordem alfabética inclusive. Mas, como no xadrez, Zugzwang designa uma determinada posição, a partir da qual qualquer movimentação é desvantajosa, pensamos que não haveria, assim, um final mais adequado, após o abundante e opulento, longo e penoso esforço da inteligência perseverante de Nossas Almas de realizar aquilo que reclamavam vários tentames da herança antiga: trazer mais algumas medidas de bons grãos de Ideias Feitas aos celeiros já fartos da Educação. Despedimo-nos, aqui, não sem elevada tristeza, de nossos amigos e inimigos, críticos e admiradores, detratores e aficionados, seguidores e plagiadores, adagiários e rifoneiros, populários e feirantes de anexins, nacionais e estrangeiros, daquéns e além Atlântico, clássicos e atuais, modernos e contemporâneos, desejando-lhes tremendos, vultosos e frisantes votos de um bem-sucedido retorno ao imanente, difícil, incerto e desaparelhado Mundo Desdicionarizado das Ideias Feitas em Educação. Voltai, Generosos Consulentes, a Vossos alvoreceres descoloridos, ilusões estúpidas e realidade brutal. Voltai a Vosso ínfimo mundo, ao molde de pensamentos invariáveis e aos vincos dos argumentos. Voltai às surradas toaletes, aos ressequidos suvenires amorosos e à horrível miséria das mesmas crenças, mesmas ideias, mesma náusea. Voltai ao cemitério de desejos amarelecidos, à caligrafia em cinzas e às feridas dolorosas, produzidas pela infalibilidade da banalidade soberana. Voltai à inutilidade dos esforços, ao vazio das esperas e à repetição das palavras gastas. Voltai à angústia do hábito, à invariável fisionomia das imagens e aos monótonos fatos cotidianos. Voltai ao sombrio desejo de morte, às ulcerações do supérfluo e à amarga Bile Negra, sem saídas imprevistas e sem portas para o desconhecido. Voltai para o supliciante viver (Fábula do Inferno), com calafrios nos ossos, onde tudo se repete sem cessar e lamentavelmente, enchendo Vossos corações lamurientos e turvos de cansaço

e de fastio. De tudo isso somente Vos purgaste, temporariamente, enquanto durou a leitura que ora finda. E que Deus Vos ajude a não cortar as gargantas (quando se barbearem) e não Vos desampare, quando se olharem no espelho e chorarem por Vossas desgraças. Sois esclarecidos demais para não perceber que, ao final dessa colheita de Ideias Feitas, Nossas Almas proclamam, por vez derradeira, o sacrilégio que vieram (de maneira excepcional, definitiva, esplendorosa e infinitamente prazerosa) fazer por Vós, só por Vós, que viveis de Lugares-Comuns: desejaríamos que fossem livres para caçoar e rir desta Antiutopia, mesmo inacabada (como o Dicionário de Flaubert); ter galvanizado Vossa visão desse mal estético irrecuperável; e desativado qualquer uso burguês dessa vulgaridade repugnante e intolerável para os Artistas. Confiai em Nossas Almas, que ensinam: só destruiremos os Lugares-Comuns ridicularizando-os. Como aconselhou Sade (1999, p. 139): "não derrubeis seus ídolos com cólera, pulverizai-os brincando, e a opinião cairá por si mesma". Nossas Almas, então, profundamente perguntam-se: – Podemos (ou não) passar sem Ideias Feitas? As mais atrabiliárias respondem, em solilóquio: – Não, nem Flaubert conseguiu. Assim convencidos, como devemos estar, desse iníquo e funesto destino, as impiedosas Almas agravam, mais ainda, nossos males, ao questionar: – Não seria o desprezo que temos pelos Lugares-Comuns nada mais do que um imenso Lugar-Comum (cf. RÓNAI, 1975)? – Pode ser, respondem Almas mais sensatas. Só que o X da questão (outro Lugar-Comum), algumas Almas murmuram, é que aqueles que se afirmam Criadores de Ideias inventam verdades provisórias, revisáveis e parciais; em uma expressão, inventam Ideias Feitas, que são, dependendo do caso, chamadas de Paradigma (dominante), Sistema, Estrutura, Conceito, Perspectiva, etc. Nossas Almas alertam, também, para Ideias Prematuras (como bebês), que não estão suficientemente preparadas e têm de esperar um pouco mais para nascer, visto que as problemáticas às quais vêm dar alguma resolução ainda não foram criadas ou se encontram em cozimento. Fazem com que nos demos conta, outrossim (pobres Almas, não descansam nunca!), que uma Ideia Feita pode vir a perder sua proeminência, ceder lugar a princípios mais aptos, ter sua importância relativizada. Parece ser este o carma de uma Ideia Nova: tornar-se Ideia Consensual; e, logo, uma Ideia Feita. Por isso, não esqueçais – Oh, Ilustrados! – que, muitas vezes, quando acreditamos combater uma Ideia Feita, estamos, ao contrário, amplificando-a. Nossas Almas rogam, ainda, não Vos esquecerdes que o contrário de uma Ideia Feita é ainda uma Ideia Feita. Blábláblá... Para encerrar, em definitivo (mais um Lugar-Comum), Nossas Almas fazem suas as palavras (querido Lugar-Comum) de Fernando Sabino (1984, p.36; p. 171), que proclamam: "Surpreender o Lugar-Comum como a um inimigo e libertar a verdade que possa encerrar. Usar esta verdade na descoberta de outras que um dia venham a ser Lugar-Comum". Então, as Corajosas reafirmam: – "Ninguém escapa ao Lugar-Comum", que "é o pão nosso de cada dia, é a substância de que somos feitos. A nossa mais íntima realidade se exprime justamente através dele, ou seja, das bobagens que a gente diz – eu, você, Flaubert". – Senhores, imploram Nossas Almas, não nos taxeis de Inovadoras Perigosas. Atestamos, formalmente, não ter em vista nenhum objetivo perverso. Só nos endereçamos Àqueles que são capazes de nos entender: estes nos lerão sem perigo. No máximo, com Barthes e Bouttes (1987, p. 278), poderíeis fantasiar "uma condição da linguagem da comunidade em que o Lugar-Comum seja tratado mais pacientemente, mais livremente: trabalhado, variado, deformado, e, se assim se pode dizer, mascarado: seria, em suma, um novo classicismo". Um Viva Altissonante (precioso e derradeiro Lugar-Comum) para Nossas Almas, que se propõem a manter (como Máscaras Clássicas), mesmo depois deste *Dicionário*, o Perpétuo Abalo Moral da Máquina das Ideias Feitas em Educação!

Posfácio

Cruzamentos

A partir do inaugural *Dictionnaire des idées reçues*, de Gustave Flaubert, escrito como parte do incompleto *Bouvard et Pécuchet* (publicados em 1913, postumamente, e em 1881, respectivamente), nosso humilde e pequeno *Dicionário das ideias feitas em educação* situa-se no cruzamento de algumas publicações estrangeiras, que brincam e fazem trocadilhos com a palavra *reçues* – *idées revues, reçues et rejetées, obligées, révisées* –; bem como de dicionários de Ideias Feitas, organizados por área ou campo de estudos, como em Ciências, Saúde, Medicina, Biologia, Economia, Administração, Sexualidade, África, Escola, etc. No Brasil, foi de suma importância (vide o Lugar-Comum), para nós, o pioneiro *Lugares-comuns*, de Fernando Sabino, publicado, primeiramente, em 1952, nos Cadernos de Cultura do Ministério da Educação e Saúde; nele o autor traduz o *Dictionnaire* de Flaubert e inclui "Esboço de um dicionário brasileiro de lugares comuns e ideias convencionais"; assim como, o cinquentenário *Millôr definitivo: a bíblia do caos*, de Millôr Fernandes, com primeira edição em 1994, que recebeu o seguinte subtítulo (este *Dicionário* gostaria que fosse também o seu): "Pensamentos, preceitos, máximas, raciocínios, considerações, ponderações, devaneios, elucubrações, cismas, disparates, ideias, introspecções, tresvarios, obsessões, meditações, apotegmas, despropósitos, ápodos, desvarios, descocos, cogitações, plácitos, ditos, sandices, especulações, conceitos, gnomas, motes, proposições, argumentos, filactérios, reflexões, escólios, conclusões, aforismos, absurdos, memórias, estultilóquios, alogias, despautérios, aquelas, insultos, necedades, dislates, paradoxos, prótases, sofismas, singularidades, miopias, estultícias, silogismos, tergiversações, enormidades, paranoias, leviandades, imprudências, incoerências, desabafos, galimatias, heresias, hidrofobias, sofismas e dizidelas, da dialética do irritante Guru do Meyer".

Referências

Consultamos, estudamos, folheamos, ainda, os seguintes textos:

ABREU, F. C. *O ovo apunhalado.* Porto Alegre: L&PM, 2001.

ANDRADE, C. D. *O avesso das coisas.* Rio de Janeiro: Record, 1991.

ASSIS, J. M. M. *Papéis avulsos.* São Paulo: W. M. Jackson Inc., 1957.

AZEVEDO, F. F. S. *Dicionário analógico da língua portuguesa (idéias afins).* Brasília: Coordenada/Thesaurus, 1983.

BARGER, J. *Analysis of Flaubert's Dictionary of Received Ideas.* October 2002. Disponível em: <http://www.robotwisdom.com/flaubert/bouvard/ideas.html>. Acesso em: 21 jul. 2009.

BARTHES, R.; BOUTTES, J-L. Lugar-Comum. In: *Enciclopédia Einaudi – Oral/ escrito: argumentação.* Lisboa: Imprensa Nacional; Casa da Moeda. 1987. v.11. p. 266-278.

BARTHES, R. *Roland Barthes por Roland Barthes.* Tradução de Leyla Perrone-Moisés. São Paulo: Estação Liberdade, 2003.

BARTHES, R. Bloy. In: BARTHES, R.*O rumor da língua.* Tradução de Mario Laranjeira. São Paulo: Martins Fontes, 2004. p. 243-247.

BARTHES, R. *O prazer do texto.* Tradução de Jacques Guinsburg. São Paulo: Perspectiva, 2006.

BASÍLIO, A. *A fraude do homem na lua.* Disponível em: <http://www.afraudedoseculo.com.br/>. Acesso em: 21 jul. 2009.

BEDRINES N.; LILIENSTEN, R.; TOUATI, C. R. *Idées reçues sur les femmes.* Paris: Éditions Hier et Demain, 1978.

BÉHAR, J-C.; GARIN, C. (Direction). *Ditionnaire des idées reçues sur l'école.* Paris: Syros, 1994.

BERGSON, H. *La risa: ensayo sobre la significación de lo cómico.* Buenos Aires: Editorial Losada, 1962.

BLACKBURN, S. *Dicionário Oxford de Filosofia.* Tradução de Desidério Murcho et al. Rio de Janeiro: Jorge Zahar, 1997.

BLOY, L. *Exégése des lieux communs*. Paris: Payot & Rivages, 2005.

BOUDON, R.; BOURRICAUD, F. *Dicionário crítico de Sociologia*. Tradução de Maria Letícia Guedes Alcoforado; Durval Ártico. São Paulo: Ática, 2000.

BOUVARD, P. *Le petit Bouvard illustré. Dictionnaire des idées reçues et rejetées*. Paris: Presses de la Cité, 1985.

BOUVET, J-F. (Direction). *Du fer dans les épinards et autres idées reçues*. Paris: Seuil, 1997.

BOUVET, J-F. (Org.). *Sobre o ferro nos espinafres e outras idéias feitas*. Tradução de Piedade Braga Santos. Lisboa: Gradiva, 1998.

CAMPOS, A. O Flaubert que faz falta. In: *À margem da margem*. São Paulo: Companhia das Letras, 1989. p.13-22.

CARDOSO, C. *O pai dos burros: guia impraticável da língua portuguesa*. Rio de Janeiro: Salamandra, 1996.

CASTRO, R. *O poder de mau humor: uma antologia de citações venenosas sobre política, dinheiro e sucesso*. São Paulo: Companhia das Letras, 1993.

CASTRO, R. *Mau humor: uma antologia definitiva de frases venenosas*. São Paulo: Companhia das Letras, 2007.

CEIA, C. (Org.). *E-Dicionário de termos literários*. Disponível em <http://www2.fcsh.unl.pt/edtl/index.htm>. (Consulta desde janeiro 2008.)

COURADE, G. (Ed.). *Afrique des idées reçues*. Paris: Belin, 2006.

DELAROCHE, J-M. *Les idées reçues en médecine*. Paris: Hachette, 1988.

DELEUZE, G.; GUATTARI, F. *Mil platôs: capitalismo e esquizofrenia*. Tradução de Aurélio Guerra Neto e Célia Pinto Costa. São Paulo: Ed. 34. v. 1. 1995.

DELEUZE, G.; PARNET, C. *Diálogos*. Tradução Eloísa Araújo Ribeiro. São Paulo: Escuta, 1998.

DICIONÁRIO Brasileiro de Prazos. Disponível em <http://www.perguntascretinas.com.br/dicionario-brasileiro-de-prazos/>. (Consulta maio 2009.)

FERNANDES, F. *Dicionário de sinônimos e antônimos da Língua Portuguesa*. Porto Alegre: Editora do Globo, 1946.

FERNANDES, M. *Millôr definitivo: a bíblia do caos*. Porto Alegre: L&PM, 2002.

FLAUBERT, G. *Bouvard e Pécuchet (acompanhada do Dicionário das idéias feitas)*. Tradução Galeão Coutinho e Augusto Meyer. Rio de Janeiro: Nova Fronteira, 1981.

FLAUBERT, G. *Bouvard et Pécuchet*. Paris: Pocket, 1999.

FLAUBERT, G. Dicionário das idéias feitas. In: *Bouvard e Pécuchet*. Tradução de Marina Appenzeller. Rio de Janeiro: Nova Fronteira, 1981. p.291-307.

FLAUBERT, G. *Dictionnaire des idées reçues*. Paris : Mille et Une Nuit, 1994.

FLAUBERT, G. *Dicionário das idéias feitas*. Tradução de Cristina Murachco. São Paulo: Nova Alexandria, 1995.

FLAUBERT, G. *Le dictionnaire des idées reçues suivi du Catalogue des idées chic*. Paris: Le Livre de Poche Classique, 1997.

FLAUBERT, G. Dicionário das idéias feitas. In: *Bouvard e Pécuchet*. Tradução de Marina Appenzeller. São Paulo: Estação Liberdade, 2007.

GOFFMANN, E. *Estigma: notas sobre a manipulação da identidade deteriorada*. Tradução de Márcia Bandeira de Mello Leite Nunes. Rio de Janeiro: LTC, 1988.

GUARACY, T. *Máximas para os negócios e sua vida pessoal*. São Paulo: Negócio, 1997.

IDÉES REÇUES. *Vérités notoires de hier et d'aujourd'hui*. Disponível em: <http://ideesrecues.com/>. (Visitado desde dezembro 2008.)

I-DICIONÁRIO AULETE. Disponível em: <http://www.aulete.portaldapalavra.com.br/>. (Visita maio 2009.)

JUIF, P.; DOVERO, F. *Guide de l'étudiant en sciences pédagogiques*. Paris: Presses Universitaires de France, 1972.

LAFON, C. *Idées reçues en biologie*. Paris: Ellipses, 2004.

LAPAN, L. *A dictionary of receveid ideas for the 21st century*. Disponível em: <http://www.ludickid.com/0422.htm>. (Visita desde novembro 2007.)

LOPES, L. L. R. P. *Machado de A a Z: um dicionário de citações*. São Paulo: Ed. 34, 2001.

MANGUEL, A.; GUADALUPI, G. *Dicionário de lugares imaginários*. Tradução de Pedro Maia Soares. São Paulo: Companhia das Letras, 2003.

MARINA, J. A.; PENAS, M. L. *Diccionario de los sentimientos*. Barcelona: Anagrama, 1999.

MÁRQUEZ, G. G. *Cien años de soledad*. Buenos Aires: Sudamericana, 1972.

MASUCCI, F. *Dicionário de pensamentos. Máximas, aforismos, paradoxos, provérbios, etc. de autores clássicos e modernos, nacionais e estrangeiros*. São Paulo: Leia, 1946.

MASUCCI, F. *Dicionário humorístico. Máximas, sentenças e definições: sarcásticas, satíricas, irônicas, cômicas, burlescas, zombeteiras, chistosas, ridículas, paradoxais, etc. de autores nacionais e estrangeiros, clássicos e modernos*. São Paulo: Leia, 1958.

MAUPASSANT, G. O medo. In: *125 contos de Guy de Maupassant*. Tradução de Amilcar Bettega. São Paulo: Companhia das Letras, 2009. p.465-472.

MELVILLE, H. *Bartleby, o escrivão*. Tradução de Irene Hirsh. São Paulo: Cosac Naify, 2005.

MENEZES, E. T.; SANTOS, T. H. *Dicionário interativo da educação brasileira*. São Paulo: Medianix, 2002. Disponível em: <http://www.educabrasil.com.br/eb/dic/dicionario.asp>. (Consulta junho 2009.)

MICHAUX, A. *Dicionário misógino*. Tradução de José Antônio Pinheiro Machado e Dannie A. A. Mancio. Porto Alegre: L&PM, 1995.

NIETZSCHE, F. *Assim falou Zaratustra*. Tradução de Mário da Silva. São Paulo: Civilização Brasileira, 1977.

O ABECEDÁRIO DE GILLES DELEUZE (com Claire Parnet). Disponível em: <http://www.oestrangeiro.net/index.php?option=com_content&task=view&id=67&Itemid=51>. (Consulta sempre.)

PARA-CHOQUE de caminhão. Disponível em: <http://www.parachoquedecaminhao.com.br/> (Consulta maio 2009.)

PASCAL, B. *Pensamentos*. In Coleção *Os pensadores*. Tradução de Sérgio Melliet. São Paulo: Abril Cultural, 1979.

PAUCARD, A. *Dictionnaire des idées obligées*. Paris: Le Dilettante, 1990.

PEQUENO *e divertido dicionário de demônios, diabos, capetas, espíritos diabólicos e personagens afins*. São Paulo: Marco Zero, 1992.

PEZET, A.; SPONEM, S. (Direction). *Les econoclastes. Petit bréviaire des idées reçues en économie*. Paris: La Décoveurte, 2003.

PEZET, A. (Direction). *Petit bréviaire des idées reçues en management*. Paris: La Découverte, 2008.

RAMOS, A. R. *A concise dictionary of received prejudice*. Brasília: UNB, 1997. Disponível em: <http://www.unb.br/ics/dan/Serie216empdf.pdf>. (Visita março 2009.)

RÓNAI, P. *Como aprendi o português e outras aventuras*. Rio de Janeiro: Artenova, 1975.

RÓNAI, P. *Rosiana: uma coletânea de conceitos, máximas e brocardos de João Guimarães Rosa*. Rio de Janeiro: Salamandra, 1983.

RÓNAI, P. *Dicionário universal Nova Fronteira de citações*. Rio de Janeiro: Nova Fronteira, 1985.

RUSSO, R. *Renato Russo de A a Z*. Simone Assad (Coord.). Campo Grande: Letra Livre, 2000.

SABINO, F. *Lugares-comuns*. Rio de Janeiro: Record, 1984.

SADE, Marquês de [Donatien Alphonse François]. *A filosofia na alcova ou os preceptores morais*. Tradução de Augusto Contador Borges. São Paulo: Iluminuras, 1999.

SANTOS, R. C. Z. Tolicionários: do senso comum à ciência. São Paulo: *Estudos Lingüísticos*, v. XXXV. p. 1724-1729. 2006.

SCHNAIDERMAN, B.; CAMPOS, A.; CAMPOS, H. *Maiakóvski: Poemas*. São Paulo: Perspectiva, 1992.

SCHOTT, B. *A miscelânea original de Schott*. Tradução de Claudio Figueiredo. Rio de Janeiro: Intrínseca, 2005.

SHAFF, A. *Linguagem e conhecimento.* Tradução de Manoel Reis. Coimbra: Almeidina, 1980.

SILVA, J. P. *Alguns provérbios, máximas e frases feitas de origem latina que são bastante comuns entre nós.* Disponível em: <http://www.filologia.org.br/revista/artigo/4(12)54-76.html> Acesso em 20 julho 2009.

SPINOZA, B. *Ética.* Tradução de Tomaz Tadeu. 2.ed. Belo Horizonte: Autêntica, 2008.

STERNBERG, J. *Dictionnaire des idées revues.* Paris: Denoël, 1985.

TATIT, P.; DERDYK, J. *Ora Bolas.* Rio de Janeiro: Cosac & Naify, 2005.

TATOUFAUX.COM. *Le tombeau des idées reçues.* Disponível em: <http://tatoufaux.com/>. (Consulta março 2009).

TAVARES, G. M. *Breves notas sobre ciência.* Lisboa: Relógio D'Água, 2006.

TOGNOLLI, C. J. *A sociedade dos chavões: presença e função do Lugar-Comum na comunicação.* São Paulo: Escrituras, 2002.

VALÉRY, P. *O pensamento vivo de Descartes.* Tradução de Maria de Lourdes Teixeira. São Paulo: Livraria Martins, 1955.

VALLETE, C.; BURNAM, T. *Vrai ou faux? Encyclopédie des idées reçues.* Paris: Rocher, 1978.

VELLASCO, A. M. M. S. *Coletânea de provérbios e outras expressões populares brasileiras.* Disponível em: <http://www.deproverbio.com/DPbooks/VELLASCO/INTRODUCAO.html>. Acesso em: 18 julho 2009.

VIANNA, M. L. R. *Desenhos estereotipados: um mal necessário ou é necessário acabar com este mal?* Rio de Janeiro: Revista *ADVIR,* n. 5, p. 55-60, 1995.

VIANNA, M. L. R. Les dessins reçues. In: *État des Recherches du Centre D'Études sur L'Actuel et le Quotidien.* Paris: Sorbonne, Paris V, junho 1997. Texto digitado.

VIANNA, M. L. R. Desenhos recebidos. Disponível em: <http://www.artenaescola.org.br/pdf/desenhosrecebidos.doc>. (Visita: setembro 2006.)

WERNECK, H. *O pai dos burros: dicionário de lugares-comuns e frases feitas.* Porto Alegre: Arquipélago Editorial, 2009.

YAGUELLO, M. *Le catalogue des idées reçues sur la langue.* Paris: Seuil, 1988.

Dicionaristas

Cristiano Bedin da Costa
[Mestre e doutorando em Educação. Antes, foi psicólogo. Tudo por não conseguir ser um músico nem ao menos razoável. Devoto, seu bom Deus atende pelo nome de Fante. A ele, não pede muito. Dias cinzas e frios. Boas linhas e suficientes refrões. Vida mansa ao seu cachorro e um punhado de brindes com os amigos.]

Ester Maria Dreher Heuser
[Professoradefilosofiaruivadoutoraemeducaçãobemperguntadoratudojunto. Enquanto dicionarizava habitou o pampa gaúcho e um problema filosófico, profundo e complexo a perturbou: *se andar e filosofar é patético e filosofar a andar é peripatético, então, filosofar a cavalgar é o quê?* Uma límpida e clara resposta lhe ocorreu: *equipatético, sem trema.*]

Fábio José Parise
[Psicólogo do Colégio de Aplicação da UFRGS. Mestrando em Educação. Intrépido nostálgico: da infância, *peanuts*; dos dias, os cinzentos; do céu, a chuva. Dos russos aos platinos, extremos de uma paixão; das estepes aos pampas, a tufos de solidão. De resto, apenas uma leve certeza: um (sempre) doce sorriso a me esperar.]

Gabriel Sausen Feil
[Mestre e doutor em Educação. Bacharel em Comunicação Social. Acredita que a vida humana requer a invenção de sentidos fictícios. Seu maior medo é o de apegar-se, demasiadamente, aos protocolos. Seu maior sonho é o de transformar-se num empreendimento de desmontagem. Seu *hobby* é procurar extrair das Formas algo de estrangeiro.]

Julio Groppa Aquino
[Professor desde sempre, nada mais. Já dobrou o cabo da boa esperança e não encontrou nada lá. De vez em quando, escreve torto por linhas retas, mas odeia vírgulas fora do lugar. Seu porto seguro é o alto de uma montanha, aonde navios não chegam; outras matérias, talvez.]

Karen Elisabete Rosa Nodari
[Também conhecida por Mme. K., Mrs. K. ou Sra. K., de acordo com os astros. É doutora em Educação e orientadora educacional do Colégio de Aplicação da UFRGS e, nem por isso, é um ser dócil, prestativo que oferece conselhos em geral.]

Luciano Bedin da Costa
[Foi metaleiro no final dos anos 80 (com direito a franja e camisa da megaforce), grunge no início dos 90, tocador de cavaquinho manguebeat no início dos 2000. Tem doutorado em Educação e um apetite pela psicologia a golpes de martelo. É também colecionador de cofres de porquinhos e severo defensor das sacolinhas de supermercado.]

Marcos da Rocha Oliveira
[Azucrim, catador. Umas catrâmbias e arredores, lá pelas latas de tantantas. Vermelhar ruivento, chinfrim de frinchas. Só o difícil interessa. Com O Senhor Educador. E não usa meias cinzas. Ainda, pedagogo barrocodélico concreto. Quem dera se. Mescalina de escritura. Mestre e doutorando em bandidagens educacionais. Roubador metidabesta. Cosmonauta asfáltico. Lixerato fingidor. Catador, azucrim.]

Máximo Daniel Lamela Adó
[Dedica-se também a investigações e especulações de naturezas especulativas e investigacionais. Entre outras: a da madeira serrada e cebola e alho refogados. Atualmente, anda a duvidar sobre alguns nomes que quer reter: Jack ou Edgar Kunz; não tem dúvidas a respeito de Daniel Gutierrez; todos, apesar de tudo, estão contidos na maximidade da qual o máximo padece.]

Mayra Martins Redin
[Gosta de chuva e poesia desde que descobriu que a água e as palavras imprimem e diluem. Assinou, com a mão direita, o céu de Yves Klein. Com essa mesma mão cria melodias (para uma mão) de nanquim. Que usa para desenhar. Fez mestrado em Educação com a Matilha, onde pode assinar o céu, fazer música de nanquim, inventar *impluvium* e guarda-chuvas de filó e ainda amar a Psicologia.]

Sandra Mara Corazza
[Opera por cognomes, que mudam com a oscilação dos humores; temperatura dos autores de sua perdição; fluxos de autovariação; galopes através da impermanência: Sándor Márai, Mara Lobo, L'AurAmara, Sa(lama)ndra, Seráfita, SanMarCor, Andra Ara Orazza, Sayoomara Corazkai, Sch'na, Maradea Nunc Sum, Sandice M.C., Senhora de Zarcoza e Maráy, Lisbeth Salander, San; e assim por diante, lados, trás.]

Este livro foi composto com tipografia Minion Pro
e impresso em papel Chamois Bulk 90 g na Formato Artes Gráficas.